每个词语都是
一只歌唱的小鸟

[英]丹尼尔·塔米特 著　　邵逸 译
Daniel Tammet

浙江教育出版社·杭州

以此纪念我的父亲

目 录

第1章　寻找我的语言　1

第2章　语言教师　18

第3章　语言决定人格　40

第4章　诗歌奇才　56

第5章　闪电的自白　84

第6章　精准语言　92

第7章　回归母语的非洲作家　121

第8章　冰岛姓名　138

第9章　死而复生的语言　152

第10章　法兰西学术院的英国人　177

第11章　受限写作工作坊　202

第12章　会说话的手　216

第13章　电话语法　227

第14章　天生爱交谈的人类　248

致　谢　269

第1章　寻找我的语言

英语是我父母的母语，我也在说英语的环境中成长并接受教育，但我对这种语言总是缺乏归属感。尽管是母语，我却无法自然习得，必须努力学习，这一切令我备感迷茫，仿佛我的母亲是外国人，她的唯一母语对我来说好似外语。童年时，我心中总有一种把英语翻译成其他语言的冲动，想把英语单词转换成其他语言的词，渴望像重组拼图一样重组整个句子。多年后，我才从医生处得知我患有高功能自闭症，而这种疾病会导致人与语言之间出现隔阂，我总是格格不入。在此之前，我一直在尽力凭直觉理解这个世界。世界是由单词构成的。而我在思考、感知以及做梦时，会使用一套我自己独用的由数字组成的语言。

在我的脑海中，每一个数字都有形状——以及颜色和质感，有时还有动作［一种被科学家称作联觉（synaesthesia）

的神经现象〕——每种形状都有不同的含义。有些含义极具画面感——比如说，八十九是深蓝色的，遮天蔽日的暴风雨的颜色，摸起来是珠状的，它在空中飘扬、打转、下落，如雪花，似冬日。我记得第一次看见雪花在我卧室的窗外飘落的那个冬天，那时我七岁。纯白厚实的雪花在地面上积了足有好几英寸[①]，将附近灰色的混凝土地面变成了纯净的乳白色冻原。"雪！"我向父母感叹道。但出现在我脑中的是数字"八十九"。紧接着我脑海中又浮现出另一个数字：九百七十九。窗外的景色很像九百七十九——十一发着微光，格外美丽，再乘以带着冬日气息打转飘落的八十九。我非常感动。我是我父母的第一个孩子，出生在1979年寒冷多雪的1月。我注意到了这个巧合。在我眼中，万物都有只有我能读懂的特别含义。

我是从那一刻起——突然意识到我内心的想法与外部广阔的世界一一对应的那一刻——产生与外界交流的渴望的吗？在那之前，我从未感受到向某人敞开心扉的渴望：我不想与我的父母或弟弟妹妹交流，更不用说学校的同学了。突然间，一种无法用名字和数字表达的渴望从我的心底生发出来（这种感觉有点像六的悲伤，但又不完全一样）。后来我才明白，这种感觉就是孤独。我没有朋友，我和我的同学仿佛不在同一个世界，如何才能得到他们的理解呢？我们说话的方式不同，思考的方式也不同。其他孩子根本不知道（他们

---

① 1英寸等于2.54厘米。——编者注

怎么可能知道？）八十九和九百七十九的关系就像钻石和金刚石的关系一样。我要如何向他们解释，如果用我心中的表意文字（logogram）[①] 表示，十一和四十九是押韵的呢？一种视觉韵脚。我非常渴望把我用数字创作的诗与同学们分享：

六十一 / 二 / 二 / 二 / 二 / 十一（Sixty-one two two two two eleven）

一百三十一 / 四十九（One hundred and thirty-one forty-nine）

但我不敢公开这些诗作。学校的同学们使我恐惧。在操场上，每个人都会大叫、嘲讽和谩骂。他们闹得越凶，就越会冲着我大笑或者开玩笑，我就越不敢走上前去和他们搭话。另外，我也不知道如何对话。

我放弃了交朋友的念头。我承认自己还没有准备好。我与己为伴，享受数字语言给我带来的安全感。我独自一人在宁静的卧室里与思想为伴，凝思数字的形状和语法。一百八十一是一个质数，它像勺子一样细长闪亮、左右对称。如果乘以二——用二改变它的形状，这是一种"处理"数字的办法——它就变成了一个动词。因此，三百六十二是"吃"

① 表意文字指用象征性符号记录词或词素的文字，不直接或不单纯表示语音。中国汉字就是一种表意文字。——译者注

或者"摄入"的意思（字面意思是"移动勺子"）。这是我感到饥饿时脑中会出现的画面。我脑海中的其他画面也会发生类似的变化，变化的方式取决于它们所描述的动作以及与我的关系：如果打在窗户上的雨点吸引了我的注意，就会出现十三（有节奏地下降动作）；如果我累了，感觉自己快要睡着了，就是二十六。

在我看来，语言是视觉性的，这种看法也影响了我与书的关系。成为图书馆的常客之后，我最常从书架上借走的就是又大又薄、封面颜色鲜艳的书籍。在还读不懂文字内容的时候，我就迷上了《丁丁历险记》(*The Adventures of Tintin*)。主人公有一撮金色的额发和一只名叫白雪（Snowy）的小狗搭档。对话都在泡泡框里，加粗的字母和惊叹号被用来表达情感，情节通过不断改变的画面流畅地展开。每一幅画面都极为细致，值得慢慢品读，简直就是一个小故事。隐藏在故事中的故事就像隐藏在数字中的数字一样令我着迷。

这样的想法和雀跃的心情对我的学习阅读也有所帮助。在这一点上我很幸运，因为阅读一开始对我来说一点也不容易。除了做噩梦之后偶尔安慰我，我父母从不给我讲睡前故事。另外，我从小遵医嘱服用抗癫痫药物，上课时总是昏昏沉沉的，从来不是个早慧的孩子。我记得阅读时我总是落后其他孩子好多页，为了赶上他们，总要费力地集中精力。还好我喜欢课本中单词的形状和它们给我留下的视觉印象。我记得某本书的插图上有一个穿着黑斗篷、棱角分明的女巫骑在扫把上。在当时六岁的我的想象中，字母 W 是两个并排倒挂在钉子上的女巫帽。

20 世纪 80 年代中期，那时的老师会发一个改造过的旧烟盒（我的是深绿色和金色相间的）给学生，里面装满了清楚地写着新单词的长方形卡片，可以带回家复习。从那时起，我根据单词的质感和形状制作了一个清单：像数字 3 一样圆滚滚的词语［gobble（吞食）、cupboard（橱柜）、cabbage（卷心菜）］，像数字 4 一样尖锐的词语［jacket（夹克）、wife（妻子）、quick（迅速）］，像数字 5 一样闪闪发光的词语［kingdom（王国）、shoemaker（鞋匠）、surrounded（围绕）］。一天，我正在专心阅读，偶然间映入我眼帘的 lollipop（棒棒糖）一词令我一时间被强烈的幸福感所击中。我看到的是1011ipop。1011 可以被 3 整除，正是一个圆形的数字，我认为这是我读到的最美的词语：一半是数字，一半是字母。

随着我的长大，我的词汇量不断增长。教科书上排版古板的简短句子，老师写在黑板上的内容，信箱里皱巴巴的传单上过于热情的词语，BBC 图文电视服务（teletext service）[①]、Ceefax（与 See Facts 同音）[②] 中像素化的大标题，

---

① 图文电视服务指电视台将文字、图形等信息隐藏在电视节目信号内播出，观众可以通过解码设备使用其内容。其主要提供文字信息，包括新闻、天气、电视节目预报等。——译者注
② Ceefax 是世界上第一项图文电视服务，1974 年由 BBC 开设。——译者注

这些都难不倒我。我可以阅读、书写这些文字，甚至把所有单词反过来拼写，但不一定会念。很少有语言从广播或是陌生人的口中进入我的耳朵（我看电视只关注画面——总是把声音调低）。如果正好撞见我父亲在门口和送奶工说话或是我母亲隔着花园栏杆与邻居讨论八卦，我会尝试聆听——又猛然将他们的对话拒之耳外。语言的声音及其社交货币的属性对我来说依然没有吸引力。相反，我沉迷于将单词排列组合成不同的句子，在我脑中像排列数字形状一样摆弄它们，欣赏最终的视觉效果，比如把像数字 3 一样圆滚滚的单词和像数字 4 一样尖尖的单词放在一起，或者把好几个像数字 5 一样闪闪发光的单词排成一排。

我同学巴巴克（Babak）是第一个看到这些句子的人。他和他的父母很像，苗条又温柔，几年前他们离开了伊朗，来到伦敦郊区低调地生活；当时巴巴克进了我上的学校。巴巴克和其他孩子不同，这一点让我非常安心，他长着一头浓密的黑发，说着干脆利落的英语，能同时理解语言和数字。一个温暖的周末，我们在他家的后院里相对而坐玩拼字游戏，玩到一半时，我紧张地拿出了一张皱巴巴、带横格的纸给他看。

"有意思。这是诗吗？"

我低着头一动不动，紧盯着有数字编号的拼字游戏牌之间的空隙。我能感觉到巴巴克正用那双充满好奇的棕色眼睛盯着我看。最终，我耸耸肩说道："我不知道。"

"没关系。这很有趣。"

我们学校的校长也是这么想的。我至今都不知道他是怎么发现我写的东西的。当时我十岁。我们正在读 H. G. 韦尔斯（H. G. Wells）的《世界之战》（*The War of the Worlds*），插图和文字的混合令我格外激动，每天一放学就冲回家一个人窝在卧室里创作——一开始小心翼翼地写，后来几乎不能自已。这是我第一次坚持到底的写作经历，但现在我只记得一些情节碎片了：对迷宫般的隧道曲折的描述；对遮天蔽日、表面光滑的宇宙飞船的勾勒；激光枪射出激光子弹，让空气变得带电。没有对话。我陶醉于故事当中，全身心地创作。很快，我家所有记事本的每一页、每一行都被我写满。后来，我的老师发现了我的作品，因为一天下午，我红着脸问老师能不能拿一卷学校的打印纸。她同意了，但要求我告诉她拿纸的目的。一周之后，她和蔼地询问我创作是否顺利，并想读我的作品。我费劲地把那些布满我小而整齐的字迹的草稿拿到了她的办公桌前，她让我把草稿留给她。我有些犹豫，但还是同意了。是她读过之后又推荐给了校长吗，还是校长来找她的时候无意间看到了我写的故事？我不知道。只是在某天早晨的全校大会上，校长一反常态，宣布要为全校师生朗读一段我的作品。这完全出乎我的意料。我的老师什么也没告诉我！以前校长从来没有朗读过学生的作品。我无法与其他学生一起听他朗诵。紧张又尴尬，我用双手捂住了耳朵——这是我的习惯之一——双眼紧盯着地面上灰尘组成的卷状物。然而，大会结束之后，从未与我打过交道的同学找到我，微笑着与我打招呼，一边拍我的肩膀，一边对我说"你的故事很棒"或类似的话。后来，校长在他的办公室里特地告诉我，他想给我发一个奖，可惜没有合适的奖项。对我来说，他的鼓励就是对我最好的奖赏，我十分珍惜。然而，上高中之后，我不但不能发挥想象力创作新的故事，还不得不为了应试机械地重复学习各式各样的知识点，这令我十分沮丧。我意识到我那被害羞和不善社交的外表所掩盖的写作才华只能由我自己来培养了，因此我常常寻找各种有关写作的课外材料。

我大部分的青少年时期是在市立图书馆的书架间度过的，当时的我精通文字的解读，却依然不善与人交流。现在看来，这段在阅读中度过的岁月是我的学徒期，我在练习用我的感知器官，去聆听人类的智慧之声，分辨代表人类体验不同侧面的丰富声音。阅读一本又一本的书增强了我的同理心，青少年时期，我逐渐远离带插画的百科全书和字典，开始阅读历史书、传记和回忆录。我希望自己在智力上和情感上都能走得更远，并因此走进了成人小说（adult fiction）的世界。

我害怕这种小说。担心尚未学会解读社交语言（也许永远也学不会）的自己无所适从。担心尝试阅读小说会摧毁我薄弱的自信。这种不安主要是由我的高中英语课以及那些"必读书目"造成的。莎士比亚——他的角色是外国人，用词很怪异（我们对照现代英语翻译才能读懂）——令我着迷，但狄更斯（Dickens）过于冗长，哈代（Hardy）的《无名的裘德》（*Jude the Obscure*）[1] 确实令人费解。

然而，在市立图书馆我可以随心所欲地借书，自由自在地阅读。我不读那些弘扬主旋律或意在说教的作品，它们来自装腔作势、无所不知的作者，常被考试命题人选中。我读的是健在的作家所创作的篇幅偏短的小说：作家对现代生活（从 20 世纪 50 年代到去年）短小精悍、个人化的反思，这些作品的创作者和目标读者都来自与我不同的社会经济阶层。尽管如此，我与这些作品之间并没有隔阂。一方面，我喜欢前面的读者留下的批注——那些潦草的笔记表达着他们或赞同或愤慨或惊奇的心情，无心之间为我理解某个句子或是某个段落提供了线索。我也喜欢书页上的油渍、手印和咖啡渍，它们彰显了书籍的社交属性——连接外部世界和内心世界的桥梁。我关注的还有人物的对话，人物之间的口头交流被加上标点，清晰地呈现出来，成为整个故事不可或缺的一部分。我一边读一边想，原来人们是这样说话的。这就是对话被写在纸上的样子。

---

① 《无名的裘德》一书英文原名中的 Obscure 一词既有"鲜为人知"的意思，又有"令人费解"的意思。——译者注

有时，我会在夜晚梦见文字组成的对话变成我心中形状各异的数字：

"十二 / 七十一 / 九 / 两百五十七。（Twelve / seventy-one / nine / two hundred and fifty-seven.）"

"两百五十七？（Two hundred and fifty-seven?）"

"二！（Two!）"

"四。十六。（Four. Sixteen.）"

"十七。（Seventeen.）"

快高中毕业时，教了我好几年德语的科克希尔夫人（Frau Corkhill）开始邀请我下午去她家做对话练习——主要用英语，而不是德语。

我非常需要这样的练习。我与家人不借助语言也能相互理解，但在外面，我说的话似乎总是或笨拙或离题或奇怪。从图书馆借来的小说中的对话是我参照的模板，但我逐渐意识到这样的固定模式无论学得多好、运用得多熟练，作用都有限。我即将成年，对交流产生了别样的渴望。某天，在历史课上，一个新来的男孩令我心中小鹿乱撞，我被他深深吸引，渴望与他对话。我滔滔不绝，说个不停，焦虑又兴奋，然而，小说中极具说服力的完美台词到了紧张、缺乏经验的我的口中，立刻变成了了无生趣的独白。我好不容易鼓起的勇气在羞愧中消失得一干二净。不仅仅是羞愧。七百五十七（形状类似生姜）：一种尖锐的感觉——来自对与人沟通的极度渴望，夹杂着不会沟通带来的强烈痛苦——英语中没有准确的词语能够表达这样的情感。

科克希尔夫人矮小结实，一头红发，过不了几年就要退休了，她行为怪异，常被学生们嘲笑。她常常大把大把地吃生蒜瓣。穿印花连衣裙和荧光色的袜子。面对不守纪律的学生，她不会像别的老师一样把他们赶出教室，只会咧开涂着亮红色唇膏的嘴唇露出微笑，忧郁地看看天花板。这些行为在我看来统统无关紧要。她对我很好，对我来说就像祖母一样。她似乎能感知我童年所经历的不为人知的坎坷。我至今还记得，就在我换班前不久，科克希尔夫人给了我她的电话号码，一组迷人的四和七。区号后的三位后来成了我对科克希尔夫人的昵称。很快，我给她打了电话，接受了去她家拜访的邀请。在此后的一年中，我每周都会花二十分钟乘坐红色双层巴士去拜访科克希尔夫人。

在科克希尔夫人家上课，或者说进行自由讨论，是我每周最快乐的时光。她非常耐心，对他人的错误异常宽容，注重言传身教，而非施加惩罚。在她家，我可以自由表达和交流，不用担心被当成不善言辞的笨蛋。我们坐在客厅飘窗旁的高背椅上，面前是一张铺着带褶边的白色桌布的桌子，桌上放着托盘和陶瓷茶具，窗外是楼下的玫瑰花园，这场景仿佛来自一部小说的描写。

　　我们讨论学校里发生的事情或是最近的新闻。偶尔会转换语言，从英语换成德语，再换回来。科克希尔夫人的英语很特别，她既有德国口音又有泰恩赛德①口音（她婚后姓科克希尔是英格兰北部的大姓）。说来奇怪，我以前竟然从来没有注意到人们有不同的口音。一位同学曾向我指出我的 th 发音不准［这要怪我那来自伦敦东区（Cockney）的父亲］，当时我十分惊讶。此前我一直察觉不到口音的差别。

　　但是，通过与科克希尔夫人对话，我意识到世界上存在很多种英语。她的，我的，还有许许多多其他人的。

　　2005 年（我二十六岁时），我用我当时的语言写下了自己的成长故事，找到了属于我的声音，那部作品情感充沛，但缺乏自信且不够成熟。《星期三是蓝色的》（*Born on a Blue Day*）②在全球所取得的成功让我开始和世界各地的读者交流起来。一些来自英国和美国的评论家认为它是一部"残疾题材"的回忆录，一个不可重复的特例，一个"数痴"的故事，然而，来自德国、西班牙、巴西和日本的读者不这么想，他们写信给我，鼓励我继续写作。在这部作品后半部分的一个章节中，我描写了 2004 年我在牛津的科学史博物馆（Museum

---

① 　泰恩赛德（Tyneside）指英格兰东北部泰恩河（River Tyne）沿岸的地区，来自这一地区的人被称为"乔迪（Geordies）"。——译者注
② 《星期三是蓝色的》是本书作者丹尼尔·塔米特于 2006 年推出的作品。——译者注

of the History of Science）举办的一场公开读书会，这部分内容给不少读者留下了深刻的印象。我朗诵的不是一本书，也不是任何形式的出版物，而是一个数字——圆周率。读书会之前的那个冬天，我像分析剧本的演员一样，花了三个月时间在家练习，记忆小数点后无穷无尽的数字，最终我记住了22,514 位，打破了欧洲记录。3 月 14 日，我用了五个小时为现场观众朗诵了这首优美的史诗——数字写就的《奥德赛》（*Odyssey*）、《伊利亚特》（*Iliad*）。那是我人生中第一次用我的数字语言（不过数字还是用英文读的）大力发声，那时的我激情澎湃，滔滔不绝，口若悬河。在刚刚开始的几分钟里，我担心我的朗诵对于台下数量不多的好奇观众来说就像是用中文表演一样，他们会摇摇头，转身就走，但我的恐惧很快就消失了。随着我进入状态，找到节奏，我能感觉到观众们身体前倾，聚精会神。每一个数字都能消除杂念，让他们更加专注。人们的脸上展露出意味深长的笑容。有些观众甚至感动到流泪。我通过数字表达了内心深处的情感。在三月那个晴朗的日子里，我用我的身体和呼吸，向在场形形色色的观众，展示了由数字构成的语言。

现在我又通过书页将它呈现给来自世界各地的读者，无论被翻译成什么语言，数字在他们心中都有了生命。至此，我逐渐意识到，我对寻找自己声音的渴望和对语言的痴迷似乎是一种使命，观众和读者们似乎也这么认为。

　　我完成并出版了一部作品。但对于我这个患有自闭症的年轻人来说，能不能完成第二部作品还是一个未知数。目前还没有自闭症患者从事文字创作的先例（事实上，有些人认为"自闭症作家"这个词本身就自相矛盾）。我没有榜样［不过后来我发现刘易斯·卡罗尔（Lewis Carroll）[①]和曾获得诺贝尔奖提名的澳大利亚诗人默里·默里（Les Murray）可能都与我一样患有自闭症］，没有素材，只能自己摸索。

　　后来我又收到了一封读者来信。这封信是用我高中时曾学过的法语写成的，来自一个名叫热罗姆（Jérôme）的法国年轻人，后来，热罗姆成为我的挚爱。当时我们一连通信好几个月，进行了深入又不当真的交流，随后坠入了爱河。为了他，为了他的国家和语言，我心甘情愿地选择了离开从未让我有过归属感的祖国，不使用母语。我们搬到了巴黎北面的阿维尼翁（Avignon），定居在小酒馆和旧书摊林立的圣日耳曼德佩区（Saint-Germain-des-Prés）[②]。

　　遇见热罗姆之前，我已经基本放弃文学了。小说与我早已分道扬镳。但现在，我们的公寓里到处都是书（热罗姆有很多书），我们坐在一张棕色的柚木咖啡桌边，轮流大声朗读陀思妥耶夫斯基（Dostoyevsky）法文版的《白痴》（L'Idiot）。

---

① 刘易斯·卡罗尔（1832—1898）英国作家，代表作有《爱丽丝漫游仙境》。——译者注
② 圣日耳曼德佩区是法国巴黎市第六区内的一个区域，位于圣日耳曼德佩修道院附近一带。——译者注

我朗读的声音和背诵圆周率时一样既熟悉又陌生：我体内似乎有另一种声音，更洪亮也更丰富。和圆周率一样，这部作品引起了我的共鸣，令我着迷。

我用法语阅读一部俄语翻译作品，但并没有感到读英语小说时常常袭来的那种陌生感。相反，我感到如鱼得水。我终于可以忘我地阅读了，只追求学习新词汇、发现新世界的乐趣。我终于可以为阅读而阅读了。

陀思妥耶夫斯基的名声隔在现代读者和他的作品之间，若是换作从前，也会把我吓跑。但他的语言其实完美至极。书中的伊沃尔金将军（General Ivolgin）就是一个很好的例子，伊沃尔金将军一边乘火车一边抽雪茄，烟味惹怒了同车厢一位抱着小狗的傲慢的英国女士，女士从他的指间一把夺过雪茄，将它直接扔出窗外。然而将军只是静静地坐着，好像什么也没有发生一样。突然，他闪电般地俯身夺过女士的小狗并把它扔出了窗外。这意外的情节构思令我乐不可支，无法继续朗读，热罗姆也被我的快乐所感染，我们一起捧腹大笑。

能够感染我们的不止陀思妥耶夫斯基。在此后的几个月中，艾萨克·巴贝尔（Isaac Babel）的短篇小说也给我们带来了不少笑声和惊吓。川端康成的《山之音》（*Le Grondement de la Montagne*）——讲述一位老人苦痛的回忆——让我一度哽咽。雅克·普雷韦尔（Jacques Prévert）在《话语集》（*Paroles*）

中用文字谱写的美妙乐章在我读完这部作品之后仍久久在我心中回荡。

　　后来的某一天，就像拿掉儿童自行车上的辅助轮一样，热罗姆不再陪我读书。我没有丝毫不适应。读完托尔斯泰的《战争与和平》（*Guerre et Paix*）的上、下两册之后，我尝试阅读这位俄国大师的著作《安娜·卡列尼娜》（*Anna Karenina*）的英文版，书中女主人公的激情、列文（Levin）和吉娣（Kitty）的癖好以及渥伦斯基（Vronsky）的矛盾深深地打动了我，让我彻底忘却了此前颇为不顺的阅读经历。我的大脑发生了某种变化。我猛然意识到，所有文学都是一种翻译：一种精炼，一种筛选，将作者的思想世界转化为文字。得出这个结论之后，我作为一位刚刚起步的新人写作者备感宽慰：只要语言忠实于作者的精神世界，糟糕的翻译是可以避免的。我有能力创作更多的作品。而且，我此后的每一部作品——神经系统科学方面的主流研究，以数学思想为灵感的随笔集，将默里·默里的诗歌翻译或改写成法语作品——都各不相同。每一部都让我相信我的潜力没有极限。我能做的还有很多。在写作的同时，我还利用业余时间在英国的远程高等教育机构——开放大学（The Open University）学习。2016 年，三十七岁的我取得了一等荣誉文学学士学位。同年春天，我在法国出版了我的第一部小说。

　　尽管已经在欧洲生活、居住了十年，尽管我的语言受法语影响越来越深，但我并未放弃用英语写作。我选择用英语创作这部作品以致敬我在英国的父母和老师。英语兼收并蓄，容得下我的声音，令我获益匪浅。它使我成了异乡人，却也让我成为一位作家，忠实地记录了我的转变。

第 2 章　语言教师

我所知道的有关外语教学的一切，都是在立陶宛学到的。

那是 1998 年，当时我十九岁，还没做好上大学的准备，一心渴望流浪，想做善事。我加入了一个政府运营的、将年轻人送往海外服务的志愿者项目。我可能被派往波兰照顾马特乌什和韦罗尼卡的孩子，去俄罗斯的诊所整理文件，去捷克偏远地区的酒店洗盘子，或者去前台缺人的英国驻斯洛文尼亚大使馆。

最终我被派往立陶宛的考纳斯市（Kaunas）[①]。我一句立陶宛语也不会说。但这似乎不是问题。派一个法语和德语（立陶宛语与这两种语言没有任何关系）还过得去的英国年轻人去教渴望学习英语的立陶宛求职者显然足够了。

---

① 考纳斯是立陶宛第二大城市，位于立陶宛最大的两条河流尼曼河和涅里斯河交汇之处。——译者注

　　我记得从伦敦乘飞机前往立陶宛首都维尔纽斯（Vilnius）的经历。起飞太刺激了。体验飞行的感觉！我家里的人在此之前都没坐过飞机。我父亲常说我思维"天马行空"。现在这个比喻成了现实，我真的上天了。

　　在西方新闻报道中，前苏联加盟共和国都是千篇一律、灰暗破落。然而，我到达立陶宛时看到的并不是一个死气沉沉的国家。相反，这里的国民很年轻，崭新闪亮的建筑拔地而起；尽管曾是苏联加盟共和国，但立陶宛的习惯和风俗仍被保存了下来。

　　适应新环境需要时间。我一点点接受陌生环境带来的冲击。十月的伦敦秋意正浓；考纳斯却已经十分寒冷，这让我想起了英国的冬日，很快就要下雪了。还有当地奇特的货币立特（Litas），我的志愿者津贴就是以这种货币发放的。但那时最让我觉得奇怪陌生的是当地的语言，立陶宛语的发音与节奏和我听过的任何其他语言都不同。在公寓楼里，一位老人在楼梯上拦住我，与我交流，他的话语热切又动听——他说了什么？有孩子在街头唱歌——他们在歌唱什么？我也读不懂报纸上铅字印刷的头条和说明文字。它们好像某种密码，而我渴望解开其中的奥秘！

　　我想破译密码，但项目工作人员给我的立陶宛语学习材料很单薄。对于缺乏经验的新手，这些材料——其实就是一本口袋词典和一本短语手册——恐怕一无是处；没有发挥想象的空间。但我自有办法。我坐在公寓里的书桌前，打开扑克牌大小的词典，翻开又薄又脆、几近透明的书页，找到"语言（language）"这个单词：kalba。就单词来说，这是个很美的词汇。优美之外，还恰到好处。我脑中突然出现了其他语言的其他词语：英文中的 gulp（大口吸气）一词，芬兰语中的 kello（钟）一词。真正将它们联系在一起的是这些单词背后的内涵：gulp 是大口吸气，bell 则是金属之舌。这样，我自然地将 kalba 与嘴和舌联系在了一起（英语 language 一词的拉丁词根 lingua 是舌头的意思）。

　　我再度翻动书页，聆听它们沙沙作响，我随便翻到一页，读到 puodelis（杯子）一词。如果说 kalba 是一个值得细细品味的词，puodelis 则应该用双手感受。我闭上眼睛，摩擦掌心，仿佛细细把玩每一个音节：puo-de-lis，puo-de-lis。

　　我继续往下读，五页，十页，直到大脑再也无法接受新的信息。我扫过一个个词条。我在寻找童话及超现实主义诗歌中常有的那种有趣的词语组合，词典编纂者时常在无意中制造出这种组合。cat hair（猫毛）和 cathedral（教堂），mushroom（蘑菇）和 music-hall（音乐厅），umbrella（雨伞）和 umbilical cord（脐带）。在这一方面，立陶宛语不逊于格林（Grimm）或达达主义（Dada）[①]。开始读 D 开头的单词没多久，我在词

[①] 达达主义是 20 世纪早期兴起的欧洲前卫艺术运动，这一运动的代表艺术家们拒绝现代资本主义社会的逻辑、理性和审美，在作品中表达无意义、不理性的信息以及对资产阶级的抗议。——译者注

典里遇到了表示"蓟 ①"和"可燃的"的立陶宛语单词——
dagis 和 dagus。这两个词表达的意思相去甚远，却只相差
一个元音。它们让我想到了《出埃及记》（*Exodus*），让摩西
（Moses）和燃烧的荆棘（the Burning Bush）② 染上了波罗
的海的色彩。想到这里，我不由自问，来自荒漠的荆棘会如何
布道？

这本散发着刺鼻气味的小词典满是惊喜！给我带来无
限愉悦！我越读越能体会与它相伴的乐趣。在刚刚到达考纳
斯的那段激动人心又焦虑不安的日子里，这本词典与我形影
不离。

到达立陶宛一周之后，我开始工作，周一到周五每天离
开住所，乘电车去市中心的妇女中心上两小时的课。教室里
的女学生和每天早晨与我一起挤电车的戴头巾的矮胖大妈截
然不同。女学生们穿着漂亮的裙子，化妆，留着各式各样时
尚的发型。在第一节课上，我自我介绍并试着说了几句立陶
宛语，我的口音引起了善意的笑声——她们从来没有听过英
国人说她们的母语。我问她们前来学习的原因。一位名叫比
鲁捷（Birutė，后来我了解到这是一个很常见的名字）的学生
成为整个班级的代言人。她站起来用流利的英语说："我们想

---

① 蓟泛指一类叶片边缘有尖刺的开花植物。——译者注
② 据《出埃及记》描写，耶和华（上帝）委托摩西带领以色列人离开埃及前
往迦南时，周边就有燃烧的荆棘。——译者注

要提高英语水平。因为英语已经成为这里从事高技能工作的语言。如果会说立陶宛语、俄语和波兰语却不会说英语，那就和文盲差不多。你看报纸上的招聘广告都写着 Anglų kalba reikalinga——必须懂英语。"

比鲁捷是班上最优秀的学生。她四十多岁，身材苗条，举止优雅，头发染成黑色，留着男孩子气的短发。"我上大学时学过英语。但那是很久以前的事情了。"她对自己的英语水平有时会缺乏自信。

比鲁捷的朋友艾达（Aida）也想说些什么。她比比鲁捷年轻，也更害羞。说话时嗓音轻柔，略带迟疑。这是正常的，毕竟她只会一些零散的英语短语。比鲁捷加入了对话。"她说她希望你超过之前的老师。一个美国人。她完全听不懂他在说什么。"

艾达一说完，班上的学生都七嘴八舌地加入了进来，评论以前的老师。这些抱怨饱含她们心中几个月以来累积的挫败、恼怒和绝望。不要无聊的教科书！不要生涩的教学名词！我们想要学英语，而不是一堆没用的语法规则！

我吓了一跳。我以为课堂都是安静平和的，没想到会如此闹腾。说实话，我感到恐惧，并因为自己感到害怕而羞愧。我心想我才十九岁。不知道应该对她们说些什么。我才刚刚来到这里。不知道是不是应该直接离开教室。

就在那时，比鲁捷舞动双臂并冲着教室大喊了一句。学生们随即陷入了尴尬的沉默。

"Atsiprašau（不好意思）。"她说，"我不应该让艾达说这些。她一激动全班都跟着激动。跟你学英语我们非常高兴和感激。"

我们用第一节课剩余的时间学习中心提供的教科书，尝试进行讨论。但学生们是对的。这本教科书乏味至极，即便老师教学技巧高超、教学热情高涨，也无法弥补。如果和之前的志愿者一样用这本教科书上课，我的学生们恐怕永远也学不会职场英语。我决定放弃这本教科书，换一种教法。怎么教呢？我不知道。但我相信下节课开始之前我一定会想出办法的。

我绞尽脑汁，寻找更自然、更愉快的教学方法。

最终，灵感在当天深夜到来。当时，我正坐在家中的扶手椅上翻阅那本小小的立英词典，这已经成为我的习惯。读到 O 开头的单词时，obuolys（苹果）一词吸引了我的注意。我放下书，闭上眼睛。突然想起了十年前我是如何发现英语之外的语言，也就是外语的存在的。

当时我住在伦敦东部，特别害羞，几乎足不出户。我妹妹有个长着一头金发的朋友和她妈妈就住在我们附近。她们来自芬兰（我不懂什么叫芬兰），为了教女儿芬兰语，一天，她妈妈给了她一本色彩鲜艳的芬兰语绘本。然而她女儿并没有打开这本书，她对这种我妹妹以及她的其他朋友都不说的语言没有兴趣。后来，她把这本书留在了我家。

看封面它和任何一本没被读过的绘本没有什么区别，但一打开我就震惊了。每一页上，在颜色鲜艳的日常用品的图片下方，都有一个看起来不像单词的单词。这是给另一种孩子读的——芬兰孩子！

那本书中，一个红色的苹果以及下面标注的名词 omena 给我留下的印象最深。元音的分布以及辅音圆滚滚的形状令我着迷。我感觉自己看到了重影，图片和词语似乎是一模一样的，都是用线条表现一个苹果。

第二天，在去中心的路上，我在一家杂货店买了一袋苹果。学生们排成纵队走进教室，看到堆在我桌上的红红绿绿的苹果时，我对她们说："昨天，有些同学说自己不懂英语。事实并非如此。你们知道很多英语单词。你们知道'酒吧'。"

"baras。"艾达回答。

"对。还有'餐厅'。"

后排一个学生大声说道："restoranas。"

"对。还有 istorija（历史）和 filosofija（哲学）。"

坐在前排的比鲁捷说："电话。"

"telefonas。你们瞧，你们知道很多单词。"我转身朝向苹果。

"taksi（出租车）。"有人说道。

"对，你们知道的其实很多。我桌上的这些呢？"

学生们异口同声地回答："obuoliai！"

苹果。

我把绘本以及红苹果的故事讲给学生们听。比鲁捷帮我翻译。我说："如果你能画出一个苹果，就能学会 apple 这个单词。"然后我让她们拿出铅笔和纸，自己则去取苹果分发给大家。由于我的动作不协调，可怜的苹果从我手中滑出，滚到了地上。

同学们都笑了。

我弯腰捡起苹果，放在每个学生的桌上。我也在笑。轻松一刻之后，学生们很快聚精会神地画了起来。她们低着头，眉头紧蹙，奋笔疾书。大概十五分钟之后，我宣布时间到。学生们的画作有填了色的圆圈，也有比鲁捷那样精致的素描。

"下笔时你画的并不是苹果本身，而是它的形状、质感和颜色，"比鲁捷翻译道，"每一方面都与作者的经历息息相关。因此，有的苹果可能像网球一样圆圆的，有的则如同塑料一样光滑，有的像婴儿的脸蛋一样红润。"我说 apple 这个单词只是另一种形式的图画："你画的是'a-p-p-l-e'这几个图形。"我一边说，一边用红笔把这几个字母写在了白板上，"先是 a，然后连续两个 p，一个 l，最后是 e。你们可以发挥想象力，像尝试不同的形状和颜色一样，尝试不同的字母。打乱顺序。加上或者减去一个字母。把 p 的音变成 b。就像苹果可以让画画的人想到网球、塑料或者婴儿的脸蛋一样，apple 这个单词可以让懂英语的人想到 stable（马厩）、cobbler（鞋匠）或者 pulp（纸浆）。"我解释道。

然后我让学生们把词典拿出来，在里面找类似 apple 的词。

比鲁捷脸上神采奕奕，她明白我的意思。她奋笔疾书，很快写出了一大串单词。有些学生下笔略有迟疑，英语最差的学生则仍旧面对着一张白纸。

"把你们的词典翻到 p 的部分，"我鼓励道，"寻找 p 什么 l，pl 什么，或者 p 什么什么 l 之类的组合。或者看前面，寻找 BL 开头的单词。想想两个 p 或者两个 b 一般会出现在英语单词中的什么地方，是挤在中间——apple 和 cobble（鹅卵石），还是推到两头——pulp。比鲁捷，能麻烦你翻译一下吗？"比鲁捷用立陶宛语重复了我所说的话。

学生们写下她们找到的单词之后，轮流念给全班同学听。有人找到了 bulb（灯泡），有人找到了 appetite（食欲），还有 palpable（明显的）。一个坐在角落的学生很享受大家对她的关注，大声说道："plop（扑通落下）！"这个单词的发音就会让人联想到苹果成熟后从树上落下的场景。

"apple pie（苹果派）。"艾达突然补充道。

我点点头。在白板上写下 apple pie。

比鲁捷对照着她写下的单词补充道："pips（果核），peel

（果皮），plate（盘子），ate（吃了），eat（吃）。"

我很高兴。她在用这种语言思考。

在后面的课上，我们继续做这个练习。我们在 chair（椅子）中找到了 car（汽车），从 towel（毛巾）联系到 wet（潮湿），通过几个单词，我们把 window（窗户）和 interview（采访）联系在了一起；随着词汇量的不断增加，学生们也越来越自信。教室里的气氛愈发轻松，提升英语水平似乎指日可待。就连那些英语基础最为薄弱的学生也在不知不觉间写得更多、说得更多了。只要态度好，没有笨学生。

我和学生们发现，有些英语单词的形状能够体现它们的含义。比如 look（看）——里面的 o 很像眼睛；组成 dog（狗）的三个字母——d 像是面向左侧的头，g 像是尾巴——形状很像一只小狗。我们感叹 level（水平的）一词形如其意且完全对称。有些单词则可以变魔术：比如 moon（月亮），只要把字母 m 的第一条或者第三条腿遮住就变成了 noon（中午）——夜晚变成了白天。desserts（甜点）可以让你垂涎欲滴，如果反过来看的话，也能让你口干舌燥。① 有些单词好像手翻动画书（flick book）② 上的连续画面。看看 t 是如何在以下这些单词中向前行进的：

———————————

① desserts 一词反过来写是 stressed，意为"紧张的，有压力的"。——译者注
② 有多张连续动作漫画图片的小册子，快速翻动时因人类视觉暂留会形成动画效果。——译者注

stain（污渍）

satin（缎子）

saint（圣人）

我用一整节课的时间解释了一类在我看来属于印象派的词汇。它们最能撩动人的感官。只要一看一听一重复就会给人留下某种印象。比如 slant（倾斜），我举例道。我把这个词写在了白板上。比鲁捷认识这个词吗？不，比鲁捷也不认识。学生们都从未读到或者听过这个单词。这可能会让她们失去耐心，但她们并没有因此不耐烦。我已经不像刚做老师时那么容易紧张，而且还有比鲁捷帮忙翻译，我相信自己能抓住学生的注意力。一切尽在我的掌控之中。我说："让我们花一点时间仔细看看 slant 这个词。这个词让你想到了什么样的画面？这些字母以及它们的读音给你的感觉是沉重还是轻盈的？是不透明的，闪闪发光的还是光滑的"？（引导并利用学生的猜测是语言教学的一部分）学生们的想法各不相同。不过很多人都说这个单词的样子和读音给人消极而非积极的感觉，比较沉重。我在白板上 slant 旁边写下了 sleep（睡觉）、slide（滑下）、slope（斜坡）和 slump（暴跌）这几个单词。它们有什么共同点？形态上和读音上都很类似。这些单词长度相同，都以 sl 开头，以 p、t 或者 s 结尾。它们的释义呢？我把左手举到眼前又放下。sleep：一个站着或者坐着的人躺下。slide 和 slope：下降。slump：公司的股票暴跌。这些词语组成了多联画屏（polyptych）①，一系列相互关联的图像。那么 slant 呢？学生们举起手又放下。"就像这样。"我说，再一次举起我的左手随后朝下画了一条斜线：我用手诠释了 slant 的含义。

我用左手食指在我的鼻子和嘴周围画了一个圆圈。"smell（闻气味）。"我说。"smile（微笑）。"我微笑了一下。"smirk（坏笑）。"我做了个鬼脸。"smoke（抽烟）。"我假装抽烟。"smother（窒息）。"我用手捂住了嘴。"sneeze（打喷嚏）。"我假装打喷嚏。"snore（打鼾）。"我假装打鼾。"sniff（嗅）。"我抽抽鼻子。"sneer（冷笑）。"我冷笑着说。又一组单词组成的多联画屏。

"snail（蜗牛）。"比鲁捷问道，"那蜗牛呢？"

"蜗牛像舌头，"我说，"就是带壳的舌头。"等学生们笑完，我补充道，"当然，不是所有词都能被归进某个类别。"

但很多单词都可以。在这节课剩余的部分时间里，我们发现 thumps（重击）、stomps（跺脚）、bumps（碰撞）和 whomps（撞击）都可能造成淤青。字母 z 折断的活泼线条——像是移动的点失去了方向——给我们困惑的感觉：耳朵里好像奏响了"爵士乐（jazz）"，"嗡嗡响（buzzed）"，"眼花缭乱（dazzled）"，"晕头（fuzzy）转向（dizzy）"。下课前，"细

---

① 多联画屏指超过三个画面的祭坛画，一般可折叠。——译者注

雨（drizzle）"和"暴风雪（blizzard）"让学生们有被淋透的感觉。

我总是把学生们正在学的词语置于句子中。每个句子都是一种造句实验。我不是特别在意句子的内容是否符合实际。我希望学生们从不同的角度理解词汇，学习不同的结构对意思的影响，将语法理解成对声音和字母的排列和组合。

"摇下车窗！（Wind down the window！）"

"二手手表的秒针停了。（The second-hand watch's second hand has stopped.）"

"她的老师用流畅的墨迹传递着思想。（Her teacher's smooth ink taught thought.）"

冬天来了，立陶宛式的冬天，雪下个不停。["雪（Snow）"和嘴以及鼻子有什么关系吗？在舌尖融化的雪花是我对冬日的童年回忆。]雪一直积到一楼人家的窗台。我的公寓在二楼，位于旅游区之外的一条街道上，这幢建筑建于没有双层玻璃的时代，四面漏风，我在里面冻得瑟瑟发抖。我拿着小词典窝在毛毯下，看电视上的天气预报。和英国细长的轮廓以及英国女天气播报员修长的身材相比，立陶宛的显得结实扁平。全国所有地区的温度前面都是负号。我从没见过这样的低温。

为了把注意力转移到发抖之外的事情上，我把词典翻到了接近结尾的地方。我的立陶宛语有所提高。抱着生活用品上楼时，我终于能听懂邻居老人跟我闲聊的内容了。报亭外的头条新闻已经像英国新闻一样难不倒我了。我的语感也越来越好；我发现我能注意到的东西越来越多，能够建立的联系也越来越多——比如 V 开头页面上的词语。var 开头的词，非常响亮。它们描述的声音都很类似，很好猜。看着这组多联画屏，我听到了乌鸦（varna）哑哑叫、青蛙（varlė）呱呱叫、钟声（varpas）叮咚、引擎（variklis）轰隆、管风琴（vargonai）低鸣、大门（vartai）咯吱作响。我听到有人一遍遍高喊我的"名字（vardas）"。我聆听动词"滴落（varvėti）"奏出熟悉的金属鼓点。

Jo vardas Valdas.（他的名字叫瓦尔达斯。）

Iš variklio varva benzinas.（汽油从引擎中滴落。）

随着我的立陶宛语水平的不断提升，小词典已经不能满足我的阅读需求了。我渴望阅读其他书籍。但公寓客厅书架上只有一些黑白照片：一个穿深色西装、身材清瘦的男人，一个穿浅色连衣裙，比前面的男人更瘦的女人。我猜他们可能是房东的家人。没有小说，没有故事。我把公寓翻了个底朝天。我拉开抽屉，发现了纽扣、绝版的邮票和一些散落的生锈硬币。我打开与卧室相连的柜子，找到了一瓶满满的伏特加，一瓶还剩五分之四的，以及一瓶还剩五分之一的。壁柜里，备用的床单下有一本泛黄的电话簿。看来如果想要读到好书，就得去当地的图书馆。

　　我在图书馆填写信息表，我在表格的最上方姓名（vardas）一栏写下了名字，又在下面填上了公寓的地址，单位名称一栏我填了妇女中心。接待台后沉默的男子收下表格之后给了我一张图书证，注视着我作为图书馆的最新会员向一排排书架走去。我一一浏览众多的书架，时不时停下来翻看几页。然而，很快，我刚开始激动的心情就消失了。在当时的我看来冷战时代的作品乏味又枯燥。满篇都是"工作"和"幸福"这两个词。工作，工作，工作。幸福，幸福，幸福。用立陶宛俗语说就是"谢谢你，但我想要的是面包"。我差一点就放弃了。

　　但命运之神出手相助。在图书馆里落满灰尘的区域，我发现了一本很薄的小书——从磨坏的封面看已经很旧了——作者是一位名叫卡济斯·宾基斯（Kazys Binkis）的诗人。我的想象力突然被唤醒了。云朵像牛群一样在天空草原上漫步，五月色彩缤纷的森林，将思想以克称量的食谱——我立刻决定暂时不把我的图书证还回去。"有双语版的吗？"我问一位图书管理员。我在考虑用这本书给学生们上课。这位面色蜡黄、头发花白的工作人员（他看起来从没尝过雪花的味道）摇了摇头。他指了指远处的一个书架——外国文学，在这里，外文主要指英文——我找到了一本英美诗歌选集，和宾基斯的作品一起借回了家。图书馆的诗歌区域图书为我和学生们提供了源源不断的阅读材料。

一天下午，我刚走出教室就听到主任办公室的门打开了，随后，主任用洪亮的声音叫我的名字，她身上的珠宝随着她退回办公室的动作叮当作响。这不是主任第一次让老师去她的办公室，不过尽管她的声音总是在中心里回荡，这还是她第一次用带着奇怪口音的声音高喊"丹——尼——尔——"。我敲了敲门，走进了她的办公室，她坐在办公桌前翻阅英语教材。一头夸张的卷发让她的头看起来特别大。她说："我听到了一些有关你上课的奇怪传闻。我不懂。什么蜂蜜会的秘书？这是什么意思？"我和我的学生们正在依次学习诗歌选集中的内容，最近几节课我们正在读西尔维娅·普拉斯（Sylvia Plath）的诗作。"'蜂蜜会秘书走来（Here is the secretary of bees）'，来自《蜂蜜集会》（"The Bee Meeting"）。"我解释道。

"但世界上没有这种东西，没有蜂蜜会秘书。"困惑的表情令她显得苍老。她忧虑地蹙紧眉毛，脸上的皱纹也更加明显。"这不是标准的英语。我们中心用教科书教授标准的英语。你明白吗？"她用左手无名指敲了敲她面前书上的一句话。"比如这个。"她大声念教科书上的句子："约翰的秘书在早晨煮咖啡。（John's secretary makes coffee in the morning.）"她发音清晰，就像检察官在法庭上陈述案情一样，"你为什么不教这个句子呢？"

"约翰的秘书在早晨煮咖啡"，这句话语法没有问题。"蜂蜜会秘书走来"语法也无懈可击。还不像教科书中的句子那么平淡乏味。只有后者才能够引起学生的兴趣。我小心地说道。

"教科书上的句子是事实性的。有一个叫约翰的人，他有一个秘书，秘书煮咖啡，煮咖啡的时间是在早晨。一个又一个的事实接踵而来，它们无法形成画面。一切都毫无悬念，世界就是现实的样子。现实里叫约翰的人会有秘书，秘书负责煮咖啡，而且是在早晨的时候煮咖啡。"

"这有什么问题吗？"主任问道。她说话带着俄罗斯口音。

"记忆就是一个问题。很多事实都会被忘记。事实被忘记了，单词也就被忘记了。学生们的外语满是漏洞。另一种句子则不同：它百无禁忌。不是事实，而是画面。学生们可以想象蜂蜜会的秘书是什么样子。想象会加深他们的理解，帮助他们记忆。"

说话时，我感觉到主任和我在如何教外语这个问题上无法达成一致。但她还是耐心地听完了我的话。我告诉她教科书上的单词体现现实，只有一种意思。而诗歌中的词语则可以有多重含义。普拉斯写他人的演讲像"外国咖啡一样黏稠（thick as foreign coffee）"，这里的"咖啡"，和约翰乖顺的秘书煮的咖啡相比，内涵要丰富得多。这句话能够引起读者的兴趣。"浓稠"和"咖啡"被赋予了陌生感。读者心中会产生很多问题。语言为什么会"黏稠（或者稀薄）"？为什么特地强调是外国咖啡？那些话语是因为苦涩才被普拉斯说成像咖啡吗？它们是否让普拉斯产生了黑暗的想法？因此，与其通过在十个句子中重复同一个单词——"咖啡""浓稠"或"外国"（"请问能给我来一杯咖啡吗？""我最喜欢的饮料是咖啡""他的妻子是外国人""电影院隔周放映外国电影"）来加强记忆，不如一次理解多种意思，然后立刻消化吸收。

对于主任来说，诗歌只是语言的副产品，是边缘作品；对我来说，它却是不可或缺的。我认为，读过普拉斯的"安排我的早晨（arranging my morning）"之后，学生更容易学会"整理她的头发（arrange her hair）"或者"安排一次会面（arrange an appointment）"这些词组。反过来不行。想要学会语法、加深记忆，就要用文字玩游戏，用手指、舌头去感受，体会语言的丰富内涵。这是教科书所无法替代的。

主任做出了让步。她不会解雇我：没有比免费劳动力更廉价的员工了。但在我离开之前，她还有一项工作需要完成。妇女中心每年的开支由欧盟提供的资助承担，这笔钱已经快用完了；为了申请新经费，主任用她的老式阿姆斯特拉德（Amstrad）[①]电脑起草了一份英文项目方案，她希望我通读后提提意见。我通读了方案。传统的套话，语法正确却空洞无义——很多词语可以换掉，还有一些则可以删掉。用阿姆

---

① 阿姆斯特拉德是一家英国电子公司，20世纪80年代末曾生产过电脑。——译者注

斯特拉德电脑写出的得意之作，我还能说什么呢？我想着我的学生。咬着嘴唇告诉她应该没有问题。

周三晚上，我、比鲁捷、艾达以及其他两三个学生常在我的公寓里聚会，进行对话练习。我们一边喝茶一边轻松地聊天，这是我对学生们的回馈，她们总是送我食物，给我建议，对我十分亲切，尽管我只是一个背井离乡的年轻人，独自一人来到这个白雪皑皑的前苏联加盟共和国，年纪小到可以做很多学生的儿子，学生们却对我十分尊重。在一个雨雪交加的夜晚，比鲁捷透露，对于立陶宛人来说私下聚会刚刚放开限制；最近几年他们才可以不用拉上窗帘，不用担心隔墙有耳，不用因为醉酒敲错门的邻居而担惊受怕。我终于知道在我入住之前已经空置了很久的这间公寓为何一本书都没有。

作为苏联加盟共和国期间，立陶宛人受到比较严格的管控。为什么用这本斯拉夫语的平装书垫桌脚？是谁把茶泼在了这本小说（作者曾获政府奖项）上？在这种紧张的气氛中，很多读者选择未雨绸缪。童书、俄语畅销书、流行小说或中篇小说甚至弗拉基米尔·列宁签过字的书都被扔进炉子里烧成灰烬。文字被烧毁的味道几天甚至几周都难以散去。

对于学生们来说，和过去相比，每周三晚上能自由聚会，无拘无束地说英语（我则是努力说立陶宛语）真是太开心了。一位学生把诗歌选集放在腿上，像缺乏经验的读者一样小心翼翼地翻动书页，朗诵几句诗句。其他学生会描述这些语句所唤起的记忆中的画面，而由文字描述的画面早已消散。有些学生会想起她们小时候从母亲或者祖母那里学到的儿歌。当然，都是立陶宛语儿歌，但韵律和节奏的原理是相通的。实质是抑扬格（iambic）[①]的节奏。

>Musė maišė, musė maišė,（苍蝇乱飞，苍蝇乱飞），
>
>uodas vandens nešė,（蚊子打水），
>
>saulė virė, saulė virė,（太阳暴晒，太阳暴晒），
>
>mėnesėlis kepė.（月亮烘烤）。

如果我没记错的话，唱歌的是艾达。她就像我们的母亲，温柔地将孩子送入梦乡。她的声音温暖又柔和。

立陶宛歌曲和俗语经常在我的公寓中出现，学生们的英语对话中常常夹杂着立陶宛语的双关语、低声评论和感叹。她们的语言很像我上课时教授的内容。我在一本小笔记本上记录了我所收集的最喜欢的一些语句，还在旁边随意地写了一些评论：

"皮带扣和夜晚押韵：sagtis/ naktis。black buckle（黑色的皮带扣）。"

---

① 抑扬格是一种音步，用于多种不同的格律诗中，由一个轻读的音节，加上一个重读的音节组成。——译者注

"Rankų darbo sidabro（手工银器）——描述结婚戒指时提到的。handmade diamond（手工钻石）中也有类似的现象。"

"面包的脆皮是 pluta——啤酒上的泡沫是 puta——'没有泡沫的啤酒，没有脆皮的面包（alus be putos, duona be plutos）'就是'一无是处'。"

"荨麻被比喻成狼：会咬人。wolf（狼）= vilkas，与 šilkas（丝绸）押韵。光滑的叶子。荨麻——网——线。"

立陶宛语中蕴含的智慧令我满心欢喜，学到一个谜语或者一句俗语可能是我周三最快乐的时刻。它们是立陶宛的过去，祖先们围坐在火堆旁，火光将他们的脸庞染成橘红色——我愉悦地聆听、欣赏他们如同音乐和画作一般的语言。到底谁才是语言老师——是学生们还是我？在我看来，她们似乎都是知识的宝库。不可估量。

四月，积雪化作泥浆，然后融化成水，最终消失在记忆当中。表示雪的立陶宛语单词 sniegas 回到词典以待下一个冬天来临。周三的聚会越来越长；学生们到达时更加精神，也待得更久。她们大声朗诵诗句，更加自如地用英语对话。自信令她们充满活力、容光焕发。那时的她们最为美丽。

两个月之后，我们停课放暑假。告别妇女中心之后，我在回家之前有一点自由活动的时间。比鲁捷，体贴的比鲁捷带我去了剧院。我的运气很好，剧院正在演立陶宛语的《窃窈淑女》（*Mano puikioji ledi*）。我没有读过剧本，也没有看过电影或音乐剧。一切——歌曲、布景以及有点怪异的服饰——对我来说都是全新的，或者说，几乎是全新的。看到一半，我感到有点不耐烦，因为演员们台词都念得很快，或者说我感觉他们念得很快，但突然间，我发现自己能听懂了：

"Daug lietaus Ispanijoje!（西班牙的雨主要下在平原上）!"

年轻女演员的声音带着成功的喜悦。她重复了一遍，仿佛在细细品味每一个单词。

"Daug lietaus Ispanijoje!"

我满心欢喜。

第 3 章　语言决定人格

第一次和想要研究我的思维的医生接触时，我接受了词汇测试。十五年过去了，我还记得那种心沉下去的感觉。自愿报名参加研究时，我以为自己可以倾诉、解释和描述——将我五颜六色的想法、与众不同（至少他人是这样评价我的）的思维转换为语言。我以前从未谈论过这些事情，迫不及待地想要开启这次对话（然而事实上这个愿望三年后才真正实现）。前往位于伦敦中部的心理研究所之前，尚不知道要接受什么测试的我总结了一下我对测试的期待：我希望见到电视上那种英俊的医生，他们有愿意聆听的耳朵和开放的心态，希望找到我心中千千万万问题的答案。我真是太天真了。我的梦想很快就破碎了。我一到达就开始思考要不要转身乘下一班地铁回家。穿着白大褂的工作人员只问了我的年龄、学习成绩以及惯用哪只手。随后，他们让一位身材清瘦、面无表情的女士带我穿过一条狭窄的走廊。那位女士告诉了我，我们的目的地，随后像机关枪一样背诵了一大堆我需要遵守的注意事项。她让我注意发音要清晰，因为她会用笔记录我的每个错误。在这里的人看来，我只是一个受试者。但我不敢退出。我被带进了一个天花板很低、墙刷成白色、兔子笼一般的房间，词汇测试随即开始。

　　一张大页书写纸（foolscap sheet）①上印着五十个单词，我被要求把这些词汇一一朗读一遍。我清了清喉咙，并借此机会浏览了清单中颇为奇特的词语风格：不少单词——aisle（走廊）、psalm（诗篇）、debt（意思为"债"，如"forgive us our debts, as we forgive our debtors②）、catacomb（地下墓穴）、zealot（狂热分子）、leviathan（利维坦）、beatify（行宣福礼）、prelate（高级神职人员）、campanile（钟楼）——都与宗教有关。这其中似乎还有其他线索暗示着测试设计者的身份。医学方面的单词——ache（疼痛）、nausea（恶心）、placebo（安慰剂）、puerperal（产后的）——像是医生挑选出来的。其他的单词——bouquet（花束）、cellist（大提琴家）、topiary（树木造型）——体现的生活方式与我在满是工厂和一英镑店的伦敦东区度过的童年相去甚远。

---

① 　大页书写纸的尺寸一般为 33 厘米 × 20 厘米或 33 厘米 × 40 厘米。——译者注

② 　这句话出自《马太福音》，在《圣经》和合本中为"免我们的债，如同我们免了人的债"。——译者注

"chord（和弦）。"我对着监考人轻声念道。这是清单上的第一个单词。

"请继续。"她说。她的声音十分冷漠。

我想说："这是一个金色的单词。金色、白色和红色。就像努纳武特地区（Nunavut）①的旗帜一样。你知道吗？如果把所有字母换成小写，调换字母的顺序把它变成 dcorh，再去掉所有高字母，也就是 d 和 h 的上半部分，它就会变成同字母异序词 acorn（橡子）。"但我没有说起这些。

"请继续。"她又说。我不情愿地继续念了起来。

几个单词之后，我遇到了 equivocal（模棱两可的）这个单词。我停下来轻轻地感叹了一声，听起来可能有些像笑声。equivocal！一个绿色的单词，一个闪闪发光的单词。集齐了五个元音的单词。太美了。我激动得不行。但那位说话不带感情色彩的女士并没有注意到。equivocal！一个触感冰凉的单词。绿色、闪亮、凉爽，这些感觉同时向我袭来。这个单词像英国夏日将尽时午后的大海——带着咸味，偶尔还有大蒜味的海水——瞬间激起了我对海滨的怀恋。equivocal 让我的心情明快了起来，让我在乏味的环境中找到了颜色和美——突然让这场测试变得有意义起来。尽管如此丰富的内涵只能被简化成一个只涉及四个音节（重音在第二个音节上）

---

① 努纳武特地区是加拿大于 1999 年在最北部成立的最大的地区，首府为伊卡卢伊特（Iqaluit）。——译者注

的读音游戏，我依然觉得不虚此行。

我的知识大多来自图书馆的书籍。我之所以认识 prelate 和 beatify 这样的单词（我不去教堂，父母也不是信徒），知道 gaoled 是 jailed（被囚禁）一词过去的说法，能够认出 quadruped 就是拉丁文中"四脚的"的意思，是因为我常年与各种字典和百科全书为伴。但这种单一的测试是有局限性的，这种局限性很快就显露了出来。aeon（千秋万代）这个单词让我中断了朗诵。从这个词开始，我开始感到犹豫不决。尽管理解纸面上的意思，但我不确定这个词应该怎么读。是 A-on？ Air-on？ 还是 E-on？ 它好像有特殊发音，就像 Lord Cholmondeley（乔姆利勋爵）念 chumly，或者牛津大学的 Magdalen College（莫德林学院）念 maud-lin 一样。必须事先知道才能念对。

语言决定人格。但"语言智力（verbal intelligence）"的概念——很受众多喜欢做测试的心理学家的欢迎——相信语言可以被精准测试并转化成数字的观点，在我看来是不成立的。我朗诵的词汇清单就是以这样的观点为基础建立的，是一种测试。到底是什么测试呢？我想不明白，到底什么样的行为，什么样的社交场景，会需要我用到 drachm（德拉克马）①这个词（并知道它的读音）。这些问题一直盘踞在我的脑

————————————

① drachm（德拉克马）是一个重量单位，一德拉克马相当于八分之一液量盎司（fluid ounce）。——译者注

中。一直以来，我都有类似的疑问。上学时的经历让我知道生僻少见的词汇，也就是"字典词汇"，常常破坏对话，导致使用它们的人陷入孤独。我就有这种痛苦的经历。

　　然而我没有说出我的想法。我一定会因此而感到后悔。但现在看来，我理解自己当时的决定。即便有人愿意听，我又能说些什么呢？说认识 drachm 这个单词并知道它的读音的人并不一定口才好、智商高吗？说将词汇从语境和语义中剥离出来单独列出是对它们的一种摧残吗？说这个毫无意义的疯狂练习，与语言以及用语言感受、思考和创造的过程毫无关系吗？但他们是心理学家，不仅有心理学学位，还有干劲。我有什么资格插话呢？我才二十二岁，而且处于未充分就业状态。父亲以前是金属薄片工人，母亲则是全职家庭主妇。我们一家人（当时）都没有受过高等教育。我听话地低着头，继续把单词表读完。

　　我至今还记得单词表上的最后一个单词引起了一些争议。"Campanile。"我念了它在法语中的读音，一展法式风情。我在学校学过法语，青少年时期交过法国笔友，曾在南特（Nantes）① 与当地一家人共度暑假。因此法语发音不错。然而考官犹豫了，她用不握笔的手摸了摸贴着头皮但发尾蓬松的黑色头发，然后放下了手。"不对。"她最终说道。测试

————————
① 南特是法国西部、大西洋沿岸的重要城市，城市主体坐落于卢瓦尔河下游北岸。——译者注

已经结束，我们进入说明环节，她补充道，campanile 一词来自意大利语。"应该读 cam-pa-nee-lee。"她坚持这才是正确的发音。她的笔记上就是这么写的。我想要反对，但忍住了。又一次让步。根据网络版的《牛津英语字典》(*Oxford English Dictionary*)，两种读法都是正确的。

又接受了几个测试之后（也同样都单调乏味，比如听一个故事然后再复述），我离开了那里而且再也没有回去过。那里的工作人员也没再联系过我。但此后，每次我在报纸或杂志上看到"语言能量包 (word power packs)"的广告——"人生关键时刻，岂能词不达意？抓住机会，提升口才，驰骋商场……拓展人脉……赢得尊重"——就会想到我在伦敦中部浪费的时间，以及机械地说话的心理学家。广告上的骗子戴着粗框眼镜，穿着三件套西装，依据所谓的科学原理被打造成能言善辩的模样，他们模糊的照片出现在所谓的专家和励志达人的广告边上。这是一种口才速成培训。我不买账。但此类广告似乎至今仍具有诱惑力。商家了解他们的消费者，了解职场语言的复杂性，知道很多人都渴望提升自我。他们只收几分钱就教你价值极高的词汇，让人感觉好像捡了个大便宜。

就算明明白白地告诉你这些"语言能量包"毫无用处，也算不上泄露商业机密。他们教授的联想记忆法，就像测试中的词汇清单一样，不自然且无意义。比如，timid（胆小的）的近义词、SAT [1] 出题人最喜欢的 timorous（胆怯的）一词——"timorous，形容词，指内心充满恐惧或受到恐惧影响"。与其联想蒂姆·伯顿（Tim Burton）的电影，或者容易怯场的英国网球选手蒂姆·亨曼（Tim Henman），不如读罗伯特·彭斯（Robert Burns）的《写给小鼠》（*To a Mouse*）：

Wee, sleekit, cowrin, tim'rous beastie,

O, what a panic's in thy breastie!

（光滑、胆怯、怕事的小生灵，

你的心中藏着多少恐惧！）

我青少年时期就是这样学会这个单词的：诗人的意象让语言活了起来。我一分钱没花就学会了这个单词；如果需要花钱，商家也应该无地自容，因为我后来从来没有听过或者说过这个单词。对于大多数以英语为母语的人来说，知道 afraid（害怕的）、frightened（吓坏的）、fearful（恐惧的）以及英国北部常见的 frit（受惊的）这些词汇就足够了。很少有人认为自己需要用到 timorous。

年轻时我就直觉性地认为语言不能被简化为单个词汇。然而这种情况长期存在。我想要理清我的想法，但又不能操

---

① SAT 指美国大学委员会主办的标准化考试，其成绩是申请美国大学入学资格的重要参考。——译者注

之过急。二十五岁时，我被诊断患有高功能自闭学者综合征（high-functioning autistic savant syndrome，"成年后适应性很强"）并拥有联觉（synaesthesia）——构成病名的这些单词也都给人很厉害的感觉——后来我旅行、阅读、写作，成为一名作家。时间和阅历铸就成长：我终于想明白了。在这一过程中，有两件事对我的思维帮助很大。第一，在接受朗读 aeon、drachm 以及 campanile 等词汇测试快要满十年后，在我刚满三十岁时，我终于决定进入大学学习，这是对我影响最大的一个决定。朗读词汇清单的回忆以及因为扭捏不安或缺乏社交技巧和自信而无法直抒胸臆的感觉经久不散，促使我将一部分稿费用于攻读文学学士学位。除人文学科的各项课程之外，我还选择了社会语言学（sociolinguistics）的课程，并在学习过程中发现了给我很大启发的雪莉·布赖斯·希思（Shirley Brice Heath）的研究。

雪莉·布赖斯·希思是一位美国社会语言学家和民族志学者，在美国本土一直没有得到应有的认可，早在 20 世纪 70 年代，她就提出来自不同社会阶级和文化环境的孩子在学习成绩上的差距不是智商或者词汇量的差距引起的，而是成长过程中接触的"语言风格"造成的。希思本人是送奶工和工人的养女，她在学业上出类拔萃，曾就读于斯坦福大

---

① 联觉指一种感官刺激或认知途径会自发且非主动地引起另一种感知或认识。——译者注

学。语言发展和儿童读写能力是她的主要研究方向，她对这一领域充满热情。希思花了近十年时间在卡罗来纳州的皮德蒙特地区（Piedmont Carolinas）一丝不苟地进行实地调查。希思是天生的人类学家，像变色龙一样非常擅长融入周边的环境，她与在两个相邻的纺织业聚集区的孩子以及他们的亲戚和熟人一同生活、交谈并一起玩耍：一个片区［罗德维尔（Roadville）］的居民主要是白人，另一个［特莱克顿（Trackton）］则主要是黑人。希思将她观察到的现象与来自"主城区"的年轻家庭的行为进行对比，后者与希思本人现在的家庭环境类似，属于白人中产阶级，父母的职业可能是医生或者教授。希思的调查显示来自这三个片区的孩子长大后都能熟练自如地掌握美式英语，但他们习得语言的方式和运用语言的方式不同。

希思指出，主城区父母将他们哪怕还在蹒跚学步的儿子和女儿视为平等的说话对象。他们的交流方式是"学校式的"，父母就像老师，讲睡前故事时还会用轻快的语调解释情节，强调主题和人物，并现场出小测试促进（评估）孩子的理解。因此，到上学时，孩子们已经一定程度上适应课堂模式了。布朗先生或者库珀女士提出问题时，这些孩子能够凭经验给出适当的答案。

在罗德维尔，只要是父母能买得起的图画书，孩子们照单全收；但是，和来自主城区的同龄人相比，他们阅读的专注度打了折扣。这些在杂货店收银台附近买的书不够吸引人，孩子和父母都无法长时间集中注意力，亲子共读也就变成了一种负担。父母讲解故事时往往比较敷衍：不会强调重点，没有小测验。父母们常常把自己孩子的趣事讲给亲戚、朋友以及熟人听，这些孩子听着这样的故事长大。罗德维尔的故事是对过去事件的忠实重现，有某种寓意；一般的讲故事则相当于撒谎。如果老师要求写从外太空来到地球或者飘浮在空中的故事，罗德维尔的学生就不知从何下笔。

　　特莱克顿的成年人很少跟学龄前的孩子直接对话。一位祖母解释道："我告诉他，学这个，学那个，这是什么，那是什么，是没有用的。他自然能学会，自然会知道。他在一个地方看到一个东西，明白了，又看到类似的东西，可能是一样的，可能是不一样。"但这些孩子并没有出现言语迟缓的问题。语言仿佛能够渗透进孩子们的体内。很多孩子非常擅长模仿，可以表演家人、邻居、朋友甚至查煤气的人的走路和说话方式。特莱克顿的语言没有其他地区的语言那么清晰完整：听者需要用想象填补空白。即兴分享的故事不会有"很久很久以前"这种公式化的开头语或者标志故事结束的收尾语——他们在叙述中多用类比，在不同的想法和事件之间跳来跳去，只要听者愿意听，就可以一直继续下去。学校老师经常发现来自特莱克顿的学生在课堂上吵闹（或沉默），他们的作文缺乏条理，但他们擅长在学习内容中发现新的类比。

　　1983 年希思发表了她的研究成果。她敦促老师考虑每个学生不同的背景，并留意自己的主城区偏见。罗德维尔和特莱克顿的学生对语言与众不同的运用方式常常被批评，被视为不足；对于他们学业上的期望也随之下降。这些"后进生"被遗弃在挫败感和困惑之中，只能被迫去上补习班，自信尽失，有可能一生都无法恢复。

　　多么可惜！然而，希思的研究发表三十多年之后，这个残忍的循环仍在继续。经济贫穷等于思考能力贫乏的观点作为一种简单粗暴的观念至今仍十分流行。新闻媒体和立法者都认为贫穷等于"词穷"。然而，这与现实相去甚远。波士顿学院林奇教育院的教授库尔特·达德利·马林（Curt Dudley Marling）写道："所有孩子初来学校时都具备优秀的语言、文化和智力能力，而且能力都不是一样的……尊重学生的知识、他们的身份和他们的家乡……是获得教学成功的关键。"事实上，如果学校能够尊重学生的差异，并对他们的长处加以培养（针对学生的弱点加以悉心训练），家境相对贫困的学生也和其他学生一样，能够充分集中注意力，并产生学习单词、阅读故事以及解题的渴望。

　　雪莉·布赖斯·希思的语言人类学研究丰富了我对语言的理解。另外，年轻的美国词典编纂人埃琳·麦基恩（Erin McKean）所做的工作对我也很有启发。有关她的报道在网络上广为流传，她在接受采访时提到一句口号——词语但凡有用，就应该被使用（If a word works, use it）——深得吾心。我喜欢她对现代词典的描述。她说现代词典绘制了语言世界的地图，从熙攘的大街到偏僻的小径，不放过每一个角落；它们不像过去的词典那样自命不凡：不再是上层文化的守门人，不再以排除自己认为"不好""粗野""错误"的单词为己任。麦基恩作为编辑唯一的标准就是一个单词是否"合适"，单词的形式和说话人（或作者）的目的是否足够"吻合"，这一点我十分欣赏她还曾出版过一部配有全彩插图的、用符号学知识解读连衣裙（她的另外一个爱好）的作品[①]，贯穿其中的也是同样的筛选标准。

　　麦基恩说自从儿时在报纸上读到有关词典编纂人的报道，她就梦想以后能从事这项工作。她最早为《芝加哥亚述字典》（*Chicago Assyrian Dictionary*）做手稿注释（"其实就是'用彩色铅笔画线'"），随后先后在《桑代克–巴恩哈特儿童字典》（*Thorndike-Barnhart Children's Dictionaries*）的编纂单位以及牛津大学出版社的美式英语词典部门任职。2004 年，年仅三十三岁的她被指定为《新牛津美式英语词典》（*New Oxford American Dictionary*）的主编。此后，词典编纂工作经历了飞

[①]　埃琳·麦基恩 2013 年出版了《100 条裙子：我们这个时代最具代表性的款式》（*The Hundred Dresses: The Most Iconic Styles of Our Time*）一书。——译者注

速的发展，如今麦基恩只在电脑上工作，并且得出了"书本不是词典的合适载体"的结论。她在 2009 年开创的非营利网站 Wordnik 被视为世界上最大的在线词典。它在网络上有意义的短语和句子中以及近几个世纪出版的书籍的电子版中搜寻词汇：纸质词典、词汇表以及 SAT 测试或没有空间收录它们，或根本不知道它们的存在。Wordnik 上有很多词汇之前从未被记录过，如 slenthem（一种爪哇乐器）和 deletable（可删除的）。这样绘制出的英语版图疆域独一无二，而且每一天都在不断扩大；它在改变我们对"英语"的认识——据数据科学家保守估计——此前人们对英语词汇量的估算值还不到其实际数量的一半。

"我最大的困扰是每天没有足够的时间完成我想要完成的工作，"麦基恩在一封邮件中说道，"尽管［根据生命表（actuarial tables）①］我的人生刚刚过去一小半，但我很有可能活不到 Wordnik 真正完成的'那一天'——词典编纂工作的性质导致大部分从事这项工作的人看不到自己工作的成果，英语不会停止发展，因此项目永远不会结束。"

"英语不会停止发展。"就像麦基恩的座右铭一样。每天每小时每分钟，在说英语的地区都会有人在与他人对话（或与读者交流）时尝试全新的声音、字母和语义组合。如果对

---

① 生命表显示一个人处于不同年龄时在下一个生日前死亡的概率，被英国的保险行业广泛运用。——译者注

方点点头表示理解，那这个新组合就会成为英语的一部分！
英语在不断地被微调、扩展和更新。词汇——以及我们对词
汇的探讨——都在不断变化。我点击 Wordnik 的"随机搜索"
选项，to-do（待办事项）一词非常符合逻辑的复数形式 to-dos
出现在了我的眼前。我的好奇心一下就被激发了，我随手又
在网上做了一些搜索，发现了 2001 年《纽约时报》（*New York
Times*）上有一篇以 not-to-dos（不做事项）为主题的文章。我
又回到 Wordnik，再次点击"随机搜索"：

　　"Nonfraud（非欺诈的），形容词，不是欺诈或与欺诈无
关：'美国证券交易委员会（SEC）指控安信龙（Assurant）[①]
对于该保险合同的会计处理违反了 1934 年的《证券交易法》
（*Securities Exchange Act*）中的非欺诈章节。'［来自 2010 年
《保险杂志》（*Insurance Journal*）的一篇文章］"

　　再搜一次：

　　"Goaltend，动词，制造干扰球：'周六下午，我们十分确
定……NBA 总裁戴维·斯特恩（David Stern）会坐在奥兰多
魔术队的篮筐上，把拉沙德·刘易斯（Rashard Lewis）所有
的三分球尝试全都搞成干扰球。'［来自 2009 年《华尔街日报》
（*The Wall Street Journal*）的一篇文章］"

　　不难预料，有些与麦基恩联络的人，尤其是那些喜欢用

---

① 安信龙主要提供风险管理产品及服务，总部位于美国纽约。——译者注

大写字母的人，会抱怨 Wordnik 收录的那些他们不喜欢的词条"根本不是一个词"。这些老学究的抱怨不足为惧，麦基恩知道，和批评者讲道理是行不通的，不如把精力留给其他信件，比如去年圣诞节一群澳大利亚学生的热情来信，他们提出了一些自己创造的单词（可能有待时间检验），比如 insaniparty、kerbobble 和 melopink。

　　麦基恩的语言，她的"语言风格"并不符合我们对词典编纂人的印象［不过，她的儿子是典型的词典编纂人的孩子：六岁时，他就在一年级日记中——一字不差地——写下了 discombobulated（被打乱的）这个单词］。她在社交网络上写道："顺便一提，如果我'发脾气（snap）'的话，一定是因为有人在公共交通工具上大声嚼口香糖。"她也会用 gonna[①]和 gotta[②] 这样不正式的说法；lookupable（可查阅的）［比如"Every word should be lookupable（每个单词都应该是可查阅的）."］、madeupical（编造的）和 undictionaried（未被字典收录的）都是她发明的单词，这些词语在她的语句中都十分自然［"词语只有在相应的语境中才有意义，"她表示，"如果我只对你说 toast（吐司，祝酒），你不会知道是会上草莓酱还是香槟。"］。

　　chord、drachm、aeon、campanile。我依然不知道心理

---

① 　going to 的简写，意为"将要……"。——译者注
② 　got to 的简写，意为"必须……"。——译者注

学家觉得自己了解到了什么。语言决定人格——这种说法也不是绝对正确的。每个人的语言习惯都能体现一些性格特点——有些人沉默寡言，有些人则会拖长元音。每个人的话语，无论是相较于 supper（晚饭）更喜欢用 dinner（正餐），还是把 this 读成 dis 都会反映他的过去。但语言不是一成不变的。无论出自何处，词语的内涵都是使用者赋予的。我们才是老师，它们不是。只有用想象让词汇活起来，才能口吐珠玑，或提高"语智（verbal intelligence）"。

　　每个词语都如同一只小鸟，由我们教会它们歌唱。

第 4 章　诗歌奇才

澳大利亚诗人莱斯·默里（Les Murray）是个难以描述的人物。他五十年来出版了三十多部作品，赢得了一个又一个重量级的文学奖项，但让他成为诺贝尔奖的常年候选者的不仅是因为他的作品，还有他的人格。用公关话语来形容，和衣冠楚楚的厄普代克（Updike）[①]、冷漠认真的库切（Coetzee）[②]以及美丽的扎迪·史密斯（Zadie Smith）[③]相比，默里似乎是另外一个极端。他的照片就像快照，平凡至极。默里因为秃顶而戴着帽子，有双下巴，总是穿着简单的 T 恤。在《新诗

[①]　约翰·厄普代克（John Updike，1932—2009）是美国作家、诗人。著作《兔子富了》（*Rabbit Is Rich*）和《兔子安息》（*Rabbit at Rest*）分别于 1982 年和 1991 年荣获普利策奖。——译者注

[②]　全名为约翰·马克斯韦尔·库切（John Maxwell Coetzee，1940—　），为南非当代著名小说家，2003 年诺贝尔文学奖得主。——译者注

[③]　扎迪·史密斯（1975—　）是一位当代英国小说家，是美国纽约大学写作课程的终身教授。——译者注

集》(*New Selected Poem*) 中的一张照片里，他坐在厨房的桌边，戴着眼镜，就像一个普通的老爷爷。他自学成才，缺乏艺术气质。默里的写作风格独树一帜。流行的趋势、流派，甚至词典中的释义都是他日常嘲讽的对象。阅读他的作品就是认识他的人格。

> 高山被照片上的日影所覆盖
> 来自幻想之中，巨大的头颅
> 眼睛在中间，嘴
> 微微张开，为呼吸与诠释。
>
> 脸庞微微向左偏斜
> 或被煽动，或为某个理由，鼻子下
> 好像决斗的伤疤 ①，事故中留下的。
> 头发无法覆盖头顶
>
> 后面和两侧的头发被剪成古老的式样
> 清教徒的短发。紧实深邃的下巴
> 从两侧看。雀斑
> 给剃过须的裸露肌肤画上了句号

---

① 20 世纪初的上层奥地利人和德国人曾将学生决斗时在脸上留下的伤疤视为荣誉和身份的象征。——译者注

混合着儿时的姜黄

豆蔻色和预兆死亡、塑料一般的斑点

衰老的迹象。大耳朵

比其他特征更能反映灵魂：

[节选自默里的《诗选》（*Collected Poems*）中的作品

《照片中的自画像》（"Self-Portrait from a Photograph"）]

　　他运用语言的方式独一无二，默里曾在采访中承认自己是个"语痴"。他对语言有着无尽的好奇。Gnamma（一个原住民词汇，表示沙漠中积着雨水的岩石洞）、融合英语和印地语的 kubberdaur（来自印地语中的 khabardaar，表示"小心!"）、toradh（爱尔兰盖尔语中表示水果或农产品的单词）、neb（苏格兰语中表示鼻子的单词）、sadaka（土耳其语中"救济金"一词）、来自德语的 Leutseligkeit（亲切）、rzeczpospolita（波兰官方文章中对本国的称呼）、halevai（意第绪语①中的感叹词）：多年来，默里在他的诗歌中大量使用这些来自异域他乡的词汇，我所列出的这些只是一小部分。"他的天才之处在于，"《澳大利亚人报》（*The Australian*）报道说，"可以在脑中处理 102.5 万个单词，并且每次都能找到

---

① 意第绪语属于日耳曼语系，大部分的使用者都是犹太人。——译者注

最完美的搭配。"这个数字是记者的估计——这篇文章整体十分严肃，唯有这里有失水准。这种估计——并不能引人思考，只会让人大吃一惊——来自外界对默里这种"怪人"的陈旧观念，在 2014 年这种看法还能得到发表。

正如文章中提到的，默里患有高功能自闭症。

我是 21 世纪初知道莱斯·默里的（没过多久，我自己就被诊断为高功能自闭症患者）。那是在一家英国书店里。书店位于肯特（Kent）郡，我当时的家也在那里。那是一家很大的书店，有鲜亮时髦的图书封面和一位小心谨慎的工作人员。它欢迎来看书的读者。我时不时假装兜里有钱，去店里看书。这种假装令我获益匪浅，让我掌握了潜在图书购买者应有的风度。一天，我在诗歌区域浏览店里的书籍——很多书篇幅不长，作者的名字却很长，比如安妮特·冯·德罗斯特–许尔斯霍夫（Annette von Droste-Hülshoff）、纪尧姆·德萨勒斯特·杜巴尔塔斯（Guillaume de Saluste Du Bartas）、凯雷珀斯·戈西特西尔（Keorapetse Kgositsile）、维斯拉瓦·辛波丝卡（Wisława Szymborska）——一本封面上印着"莱斯·默里"的书吸引了我的注意，这个名字简单到令人吃惊。"默里"给人亲切的感觉，没有绅士的架子，放在诗歌区域似乎格格不入，却很吸引我。这本书不仅作者的名字讨喜，标题也十分有趣：《照片大小的诗歌》（*Poems the Size of Photographs*）。我拿起它开始阅读，根本停不下来。这是我第一次站在书店里把一本书读完。当然，这也是因为相较于小说或者是传记，这本书很薄，收录的一百多首诗中，很多都比较短，有些甚至短到产生了俳句一般的谜语感。

> 这是一次伟大的回归。
>
> 行李箱的拉链
>
> 沿着三边低吼
>
> 而你拿出锡服。

无论长短，每首诗都有让我感兴趣的地方。默里用词汇构建的画面如此生动恰当：喜鹊穿着"燕尾服"，一有风吹草动就会"生翅"飞走；有十字架的墓碑是"大理石死亡象棋"；在房子里，"空气（有）四边"。对语言的热爱是默里的特色，他和我一样，对语言着迷，因语言快乐。写作时，语言对他来说似乎是奇怪的存在，彰显出怪异的美感。"球形球形球形球形（Globe globe globe globe）"，默里是这样描述水母的。默里准确地用拟声词指出，小女孩用汽水瓶轻敲自己的脑袋发出的声音是"波因克（boinc）"。"波克（bocc）"则是汽水瓶撞到旅行车侧面发出的声音。一个女人可以同时用澳大利亚英语和"意式身体语言"，也就是夸张的动作，描述奶酪。在现代社会无处不在的标识中——机场标识、路标、门上的标识、计算机标识，等等——诗人找到了一种象形文字组成的"世界语言"，这种语言"可写可读可画，但不能说"。他想象构成这门语言的词汇：

> 好是竖大拇指，大拇指和其他手指捏住封上嘴唇
> 是保密。邪恶是三角形的蛇眼。
> ……
> 一本书里有两个动物是自然，两本书
> 在一个动物里，是直觉。一碗米饭配上筷子
> 指的是食物。横着的数字 1 相当于其他。

在词典——一本"可以查到正方形也是菱形的书"——中，每个象形文字都是可查的、可定义的。我很想买默里的书，但我没有钱，只能等待。后来，我过生日时收到了一笔钱，数目与我的年龄一致，并用这笔钱购买了诗集。

没有默里的诗歌，我可能就不会成为一位作家。他的作品令当时刚刚成年的我感到安心，能让我产生共鸣。在伦敦，我的语言与我的父母、弟弟妹妹以及同学的语言都不同；我隐晦、冗长、含蓄的句子常被嘲笑，他人的嘲讽让我逐渐不敢表达。但默里的语言无拘无束；他自由自在地用词，这一点难能可贵。默里能够优美娴熟地运用语言，如果当时就能确定他是一位患有自闭症的诗歌大师，我可能会对自己有不同的看法。我的论文、处女作小说和诗歌也可能会提前多年

面世。但没有人告知我；在得知自己患有自闭症之后，我一直猜测默里可能也是自闭症患者，但这一想法一直没有得到证实。幸好这个猜测足以让我重塑自信，并找回了表达的勇气。我的语言逐渐累积成了一本书：一本回忆录，记述了患有自闭症的我的童年经历。

在创作我的第二本书时——对有关大脑的科学观点的梳理——我才明白为何医生和研究者从未告诉过我这位著名诗人（不仅仅是诗人，还是英语世界最著名的文学家之一）患有自闭症。这并不是因为诗人本人不坦诚或不自知。早在20世纪70年代，默里就在一首题为《自闭者作为新世界探索者的肖像》（"Portrait of the Autist as a New World Driver"）一诗中写道自己是"孤独者，图表怪人，业余百科全书编纂人……我们像僵硬的王子一样严肃地见面，交换事实"（遗憾的是这首诗三十年后才被诗集收录，而我最近才发现它）；在最近的几篇报纸文章中，他称自己患有高功能阿斯伯格综合征①（可惜的是，我当时也没有看到这些文章）。我发现，真正的原因是大多数科学家认为自闭症会扼杀创造力，尤其是文学创造力。影响他们认知的是对一个特定群体的研究：智商低或较低的人群。这些人无法进行言语表达或口齿不清。我追问与我见面或通信的科学家。他们真的从未见过有写作天

———————————

① 　阿斯伯格综合征是广泛性发育障碍中的一种综合征，重要特征是社交与非言语交际困难。——译者注

赋的自闭症患者吗？有，他们告诉我，有一个叫作克里斯托弗（Christopher）的人。在我看到的照片中，克里斯托弗腼腆苍白，是个留着胡子的中年人，他来自英国，经历过脑损伤，每天翻看并自学自己收集的众多书籍。不眠不休的阅读让他不同程度地掌握了约二十种语言。但是，克里斯托弗不会写作。

最终，是默里后来发表的作品《双层房屋》（*The Biplane Houses*）证实了我的怀疑。那时我已经离开肯特郡和那家书店，移居法国南部了。我点了点鼠标，在网上订购了这本书：它被装在一个盖满邮戳的航空信封中——一本又小又薄、红白相间的书，跨越海峡而来，依然安然无恙。我翻看、阅读其中的诗作，发现了一首十四行诗，这首诗不是爱的宣言，而是默里对自己心智的思考：

> 用牛膝草洁净我 [①]
>
> 圣歌的片段唱道，
>
> 牧师想表达的是
>
> 求你用牛膝草洁净我，
>
> 不是打嗝的芦笋 [②]

---

① 原文为拉丁语 Asperges me hyssopo，来自《诗篇》第 51 章。——译者注
② 英文中表示"打嗝的芦笋"的 Asparagus with hiccups 与 Asperges me hyssopo 拼写较为类似。——译者注

也不是自闭的大师。

阿斯伯格。阿斯伯格是我。

用了好多年才明白：

长篇大论却不会闲聊。缺乏

与人交往的技能。需要规则。

从未做过愚人船①的纤夫。

不喜与人对视。超群的记忆力。

不为恐惧所困扰——

牛膝草可能是一种苦涩的香草。

　　我在无数篇科学论文中读到自闭症患者学习语言——有时甚至是二十种不同的语言——只是简单的模仿。默里充满智慧、情感和力量的语言推翻了这套理论，令我十分激动。这些作品让我想要了解有关默里的一切。我来到电脑前，输入默里的名字和"自闭症"，搜索到的网页很多，信息量充足，对我很有启发。这些信息一直都在。但记者们却刻意将它们推到一边。他们都将默里的自闭症视为无关的事实，粗

---

① 　愚人船（Ship of Fools）出自柏拉图《理想国》（*The Republic*）第六卷，讲述了耳朵眼睛都不好，也不懂航海知识的船长被同样不善航海且拒绝学习的船员所取代的故事。——译者注

略地一带而过。他们想不到去做更深的挖掘，从全新的角度看待默里的作品和人生。为了了解默里人生的这一个侧面，我必须自己搜集整理，一一点击链接，抓住来自可靠来源的所有信息。零散的事实逐渐变成了生动的轶事，采访文章中的偏题段落也有了意义。这些信息组成诗人人生故事的前半部分——他的思维适应语言的过程持续了很多年——发人深思，引人入胜。

默里 1938 年出生于纳比亚克（Nabiac），这个偏远的小镇位于悉尼东北 175 英里 [①] 处，是一个内陆港，周边都是经营乳品业的乡村。默里的祖先是 19 世纪中期移居至此的南苏格兰高地农业工人，他们带来了长老宗 [②] 信仰和苏格兰方言：表示鬼魂的 fraid 以及表示（牛、羊）乳房的 elder。

默里是独生子。从呱呱落地开始，他的感官就时常受到强烈的刺激：他一贫如洗的父母的槽板 [③] 房常常强烈晃动。只有热水澡——用烧黄杨木的炉子把水烧热，然后倒进镀锌的澡盆中——能让他安静下来。

他们的家很小，没有足够的空间让人长期宅在家里。主要的活动在户外——房子周边，白色的羊、黑色的母鸡、绿

---

① 　1 英里约等于 1.61 千米。——编者注
② 　长老宗是基督教新教的一个流派，源自 16 世纪的改革。——译者注
③ 　槽板指上沿外侧和下沿内侧分别有凹槽的木板，将多块槽板水平相接可做外墙或屋顶。——译者注

色的小围场。幼小的默里模仿鹡鸰扇尾鹟（willie wagtail）[①]的叫声，与奶牛和乌鸦一起玩耍。独自一人在家附近的小山丘上漫步，直到黄昏才大汗淋漓地回家。

他很早就通过罐头食品的标签学会了字母。很快就开始阅读家中为数不多的几本书：《亚伯丁安格斯牛（Aberdeen Angus）血统簿》、《耶茨种子目录》（Yate's Seed Catalogue）《阿法拉伐（Alfa Laval）乳油分离器的说明书》，以及《卡斯尔知识全书》（Cassell's Book of Knowledge，共八册，1924版）。书籍成了他的好友。每天晚上他都和书一起睡在阳台上。

默里家附近方圆几英里都没有学校，因此他七岁时开始在家接受教育。邮递员是中间人。远程教育的课程——有书写、语法和算数——每周都会从悉尼寄来，默里很喜欢坐在被水桶和木屑环绕的餐桌边，描红、组词、做算术题。

两年之后，在距离默里家3.5英里的地方，一所有十五名学生的学校开学了。默里觉得自己不能空手去上学；他问妈妈要了很多牛皮纸，用一支反复削尖的铅笔写了一篇有关维京人的长篇论文（其中的信息来自他读的百科全书的第八卷）。戴着头盔的狂暴战士、挥舞的斧头、狭长的快速战船：

---

① 鹡鸰扇尾鹟是扇尾鹟科的一种，分布于澳大利亚、新几内亚、所罗门群岛、俾斯麦群岛以及印度尼西亚东部地区，除了腹部、眉部为白色，其余大部分为黑色，尾巴呈扇形。——译者注

每一个历史细节都得到了重视。他沉醉于写作之中。默里清晨离家，几个小时之后才到达学校，随后在全班同学面前气喘吁吁地大声朗读他的长篇大论。默里幸运地遇到了一位好老师。这位刚刚研究生毕业的老师没有足够的经验把默里定义为奇怪的学生。大家耐心地听完了默里的论文，并向其表示谢意。随后老师让默里和其他十四名学生把教科书翻到第一页。

默里以自学为主，很快就远离课堂，整天扎在图书馆里。除了几个与他年纪相仿又容易相处的表亲之外，相较于其他孩子，他更喜欢书籍的陪伴。但就算是和表亲在一起，默里也很少说话。他从不主动发起对话。如果其他男孩想要和他一起玩，就必须投其所好。默里对"战争"情有独钟：他深受"战争"影响，尽管他对"战争"意味着什么一无所知，但他知道"战争"遥远而激动人心，成年人不愿谈论它，但广播播音员却总是在用极快的语速、夹杂着换气声的声音播报有关它的消息。因此，默里的表亲们同意一起玩"假扮德国人"的游戏。他们在一条常有兔子出没的小溪边奔跑、跳跃、捉迷藏。默里则对他们发号施令。他试图模仿用德语说话，他认为自己应该尝试模仿。和其他男孩相比，他总是觉得自己像外国人。

默里十二岁时，他的母亲去世了。默里的父亲一直哭泣。睡在阳台上的默里隔着好几层床罩都能听到父亲抽泣的声音。

他以前不知道父亲还能发出这样的声音。他中断了学业，也想为母亲去世而哀悼。但父亲自然做出的反应令他不解：他不知如何哭泣。他的痛苦是通过脚，而不是泪水表达的，他四处奔走，磨红了双脚，不断在山谷之间穿梭，直到每一个栅栏孔、每一片碎石地、每一个地点、每一片草叶都成为他的一部分。因此，每当不幸让他紧张焦虑想要哭泣，他就闭上眼睛，回忆鹅卵石的质感、泥土的颜色，想象去远方漫游，直至恢复冷静。

一年之后，默里重回学校，这次的学校更大，更远（他搭乘当地运牛奶的车到校门口），有一个更大的图书室。书籍给予了他慰藉。而且，其他孩子很少造访图书室，这对于默里来说是好事。他和上小学时一样，不喜欢和人交往。图书室关闭的午休期间，他不耐烦地在外等待。背靠操场边的墙壁，默里因害羞和焦虑而寸步难行，只能注视着蹦蹦跳跳的影子们在他面前来来往往。

默里在塔里高中（Taree High）的寄宿生活就不太好过了。十六岁的他又高又壮，却常被人嘲笑。这个乡下孩子根本不懂时尚，缺乏穿衣打扮的常识——和穿着干净的衣服，留着时尚的发型的同学们相比，他就是一个格格不入的乡巴佬。爱欺负人和嘲笑人的学生总是找他麻烦，骚扰他，奚落他。他只要张口，就会被嘲笑；他说话一股学究气，给人在听百科全书的感觉。他用——有时是误用——鲜为人知的长单词：曾威胁要把一个嘲讽他的人与墙壁"同质化（transubstantiate）"。

　　大多数老师并没有尝试改变这种情况。但默里宽广的知识面以及对信息精准的掌握令他们叹服，如果艺术课提到了哥伦布登陆之前的美洲，默里就能够滔滔不绝地探讨阿兹特克人（Aztecs）、萨波特克人（Zapotecs）、托尔特克人（Toltecs）和托托纳克人（Totonacs）。教英语的麦克劳林老师（Mr. McLaughlin）——同时也是一位极为耐心的学生辅导员——很体谅默里。只要有人愿意教，默里一定会积极去学，而且学得很快。是麦克劳林老师将默里领进了诗歌的大门。艾略特（Eliot）[①]、霍普金斯（Hopkins）、杰拉尔德·曼利·霍普金斯（Gerard Manley Hopkins）[②]的诗句令默里着迷，他尝试朗读那些诗句。"为了棕斑牛一般的双色苍穹（For skies of couple-colour as a brinded cow）。"[③]他继续读。重复读。"混杂着缓急、甜酸与明暗。（With swift, slow; sweet, sour; adazzle, dim）。"他很快就把这首诗以及这位诗歌导师的其他作品都牢

[①]　T. S. 艾略特（T. S. Eliot，1888—1965）是 20 世纪最著名的诗人之一，他生于美国，后加入英国国籍，代表作有《荒原》（*The Waste Land*）等。——译者注

[②]　杰拉尔德·曼利·霍普金斯（1844—1889）是一位英国诗人和耶稣会（Jesuit）牧师，他在诗歌的韵律中探索性地运用跳韵（sprung rhythm）且擅用意象。——译者注

[③]　这句诗以及以下两处引文均来自杰拉尔德·曼利·霍普金斯的作品《斑驳之美》（*Pied Beauty*）。——译者注

记心中。"将他颂赞（Praise Him）。"他梦想有一天完成自己的诗作。

尽管一度期望穿上绿色的的确良连体服驾驶战机（他因为视力没有通过空军的体检），默里最终穿着在本科生中流行的深蓝色喇叭裤度过了 20 世纪 50 年代剩余的时间。不过，失望的心情很快就消失了，他在悉尼大学发现了一座厉害的图书馆——一座由砂岩建造的、装饰着怪兽石雕的哥特式建筑，馆藏近一百万册图书。一百万！因此默里进入大学之后没有感到无所适从。随后，他开始琢磨怎么抽出时间去看书。默里不是在开玩笑。他的所有空闲时间，甚至有些不空闲的时间，都被用来读书。他或略读或速览，或泛读或精读，为了看书不惜逃课。百科全书、诗歌、长篇小说（无聊的选择——他无法理解家常情景，也不相信故事情节）、短篇小说、赞美诗集和戏剧。他一次又一次地翻阅《大英百科全书》（*Encyclopaedia Britannica*）；聚精会神地阅读西塞罗（Cicero）、肯尼思·斯莱塞（Kenneth Slessor）①和钦定版《圣经》。一天，他发现了占据书架一整层的一排黄色语言自学读本。那些充满异域风情的字母、单词和句子极具诱惑力。汉斯·安东·科弗德（Hans Anton Koefoed）所作的丹麦

---

① 肯尼思·斯莱塞（1901—1971）是一位澳大利亚诗人、记者，二战期间曾任官方战地记者。他因将现代主义元素引入澳大利亚诗歌界而著名。——译者注

语教材，马克西米利安·富尔曼（Maximilian Fourman）所作的俄语教材，阿尔夫·索默费特（Alf Sommerfelt）和英瓦尔·马默（Ingvald Marm）所做的挪威语教材，约翰·亚当斯（John Adams）所做的法语教材，凯瑟琳·斯佩特（Kathleen Speight）所做的意大利语教材，默里一本接一本，一口气把它们全读完了。这些教材在他看来非常简单。他有记忆单词和词组的天赋，还擅长把它们玩出花样，寻找韵脚和其他规律，突破作者枯燥生硬的例子，发明更自由、更具想象力的新句子。为了创造更多美好时光，他还选了德语和初级中文课程。没过几个学期，默里就可以用十种以上的语言读写了。

作为读者和语言学家，默里如鱼得水；作为学生，他却不怎么如意。限制诸多的课程——读这个，那个不行；论文要这样写，那样不行——令他心灰意冷。二十一岁时，他从大学辍学去周游全国，他搭乘卡车长途旅行。在建筑工地、草地以及他所能找到的干燥地面上过夜。他最早的重要诗歌作品就是在这些流浪的日子里在米色的带孔笔记本上写下的。

他搭车回到悉尼，尝试重返校园，但最终还是再次辍学（默里最终于 10 年之后的 1969 年获得了学位），但辍学之前——在一出德语系组织的戏剧的后台——默里遇到了他未来的妻子瓦莱丽，两人未来五个孩子的母亲。他一般不知如何和陌生人闲聊：对话总是进行不下去。但令默里吃惊的是，他和瓦莱丽之间完全没有这个问题。瓦莱丽生于布达佩斯，二战后经由瑞士来到澳大利亚，说英语时有中欧口音。她是一位能说匈牙利语、瑞士德语和英语的年轻女孩。默里与她在一起时非常自在，两人互相吸引（2012 年他们庆祝了金婚纪念日）。

　　默里的好运还在继续。他在位于堪培拉的澳大利亚国立大学（The Australian National University）找到了一份翻译的工作。他同时为不同的学院服务，有时翻译有关"波河河谷（Po Valley）[1]野兔的结节性皮肤病"的意大利语论文，有时则是有关望加锡（Makassars）[2]贸易历史的荷兰语研究。"语言研究"，1964 年一篇有关这位年轻译者的文章写道，成为他的"主要收入来源"。默里和他不断增加的家庭成员靠意大利语、荷兰语、德语、南非语、法语、西班牙语和葡萄牙语生活了四年。但默里发表在杂志上的诗作是用英语写的。1965 年，他的诗集《圣栎树》（*The Ilex Tree*）正式出版，收录了他的英文诗。很快，默里就收获了第一个文学奖项。他的名气越来越大，自信也得到了极大的提升。出版诗集并获奖之后，他受邀在各地出席朗读会，最远造访过欧洲。很快，他失去了对翻译的兴趣，随即离开了被他称为"体面的伪装"的翻译

---

[1]　波河河谷是意大利的主要平原，位于波河流域，从阿尔卑斯山一直延伸到亚得里亚海。——译者注

[2]　望加锡是印度尼西亚南苏拉威西省的首府。——译者注

工作，开始全职写作。诗歌历史上最为传奇的创作生涯之一
就此拉开了序幕。

　　自记事起，语言对我来说就是美和神秘的化身。但默里
的作品是我的文学启蒙。因此，几年前我的第一部散文集出
版时，我想要送给默里一本以表达我的感激和钦佩。但是在
把书邮寄到新南威尔士（New South Wales）的偏僻地区之前，
我犹豫了。如果书根本到不了他手里怎么办？如果他收到了
却不喜欢怎么办？我犹豫了好一阵。最终决定克服恐惧。我
在一本文学期刊上找到了默里的地址，并把书寄了过去，几
周之后——那段时间我坐立不安，度日如年——我收到了默
里的回信。

　　我能看出诗人在这封信上花了时间和心思。默里的笔迹
清晰而流畅（我尤其喜欢他写的 a——小小的猪尾巴特别工
整），他的回信相当长。远不止一句简单的"谢谢"或几句表
扬：他畅所欲言，对我十分信任。这打动了我。最令我感动
的是默里还要求我继续给他写信，与他分享我的近况和工作。
他在邀请我与他通信。

　　我相信他的诚意。给他回了信。随后收到了他的回复。
随着时间的推移，我和默里建立了定期通信的习惯，在这一
过程中，我提出了将他的部分作品翻译成我的第二语言——
法语的建议。

　　我发现了国际图书市场上的一处缺漏：默里的诗歌作品的翻译版已经可以在柏林的书店、莫斯科的图书馆以及德里的市场买到了，却不知为何错过了文化之都巴黎——这座愈发让我有家的感觉的城市。

　　默里的代理人同意了我的请求，我在巴黎的编辑也同意了。诗人以他澳大利亚式的豪爽给了我极大的自由，将这本书的法语翻译工作全权委托给我。我一本接着一本重读他的诗作，一连几天、几周沉浸其中，最终选中了四十首我最喜欢的诗作准备翻译。

　　另外一位亲法的英国人朱利安·巴恩斯（Julian Barnes）形象地描述了翻译文学作品的难度。经典作品中的一个句子，巴恩斯感叹道，有多少个译者，就有多少种译法。在《翻译〈包法利夫人〉》（"Translating *Madame Bovary*"）的一张插图中，他给出了福楼拜（Flaubert）的一个颇为清楚明白的句子："aussi poussa-t-il comme un chêne. Il acquit de fortes mains, de belles couleurs." 随后罗列了多年来这句话的六种英译版本。

　　"Meanwhile he grew like an oak; he was strong of hand, fresh of colour."（"与此同时，他像橡树一样长大；双手强健，肤色鲜亮。"）

　　"And so he grew like an oak-tree, and acquired a strong pair of hands and a fresh colour."（"他像橡树一样成长，收获了强壮的双手和鲜亮的肤色。"）

"He grew like a young oak-tree. He acquired strong hands and a good colour."（"他像一颗年轻的橡树一样成长。收获了强壮的双手和好看的肤色。"）

"He strove like an oak. His hands grew strong and his complexion ruddy."（"他像橡树一样茁壮成长。双手越发强壮，肤色越发红润。"）

"And so he grew up like an oak. He had strong hands, a good colour."（"他像橡树一样成长。有强壮的双手，好看的肤色。"）

"And so he grew like an oak. He acquired strong hands, good colour."（"他像橡树一样成长。收获了强壮的双手，好看的肤色。"）

福楼拜的文字虽然暗藏隐喻但还是直白的，一种高级的直白。诗歌由于其性质特殊，被认为一定程度上无法翻译。［罗伯特·弗罗斯特（Robert Frost）就曾告诫过："诗意就是在翻译中丢失的东西。"］

因此，我知道翻译默里的诗绝不轻松。但我不认可弗罗斯特对翻译（或诗歌）片面的看法。如果没有译者的智慧和劳动，我就无法欣赏辛波丝卡（Szymborska）①写给圆周率的赞歌，无法理解《弗拉基米尔·马雅可夫斯基的夏日别

_____

① 维斯拉瓦·辛波丝卡（Wisława Szymborska，1923—2012）是波兰著名诗人、散文家、翻译家，1996 年获诺贝尔文学奖。——译者注

墅奇遇》（"An Extraordinary Adventure which Befell Vladimir Mayakovsky in a Summer Cottage"）[①]。在波兰语面前我手足无措，斯拉夫语会像铁门一样将我拒之门外。没有翻译，我将无法理解芭蕉[②]的俳句、《雅歌》（*Song of Songs*）等我最喜欢的作品，它们将永远只适用于能够懂日语和能从右往左读希伯来语的读者。

默里的语言生动活泼，富有创意。他常选用不同寻常的词语。近年来，诗人除写作之外，偶尔会为澳大利亚的《麦考瑞字典》（*Macquarie Dictionary*）提供词条。pobblebonk（一种澳大利亚蛙的昵称）、doctoring（习惯性就医）和 archie（一战时的一种防空炮）就是他近期提交的部分词条。如果读《永远穿短裤的梦想》（"The Dream of Wearing Shorts Forever"）——默里对长度差不多到膝盖的裤子的称颂——你会先读到讲述裤子的历史与文化的几节内容，随后遇到这样的诗句：

To moderate grim vigour

With the knobble of bare knees

（用裸露的膝盖的球状突出部分

缓和阴沉的气质）

---

① 苏联诗人、剧作家弗拉基米尔·马雅可夫斯基的一首诗歌作品。——译者注

② 松尾芭蕉（Matsuo Bashō, 1644—1694）是日本江户时代前期的一位俳谐师，被誉为"日本俳圣"。——译者注

knobble（球状突出部分）！我很喜欢这首诗；它是我选中计划翻译成法语的四十首诗中的一首。在翻译过程中，我努力确保忠实于原文。英国有 knobbly knees（球状突出的膝盖）的说法（其他国家很少见），默里所用的 knobble 一词就来源于此，我发现寻找一个可以完美替代它的法语词十分困难。knobble。我左思右想。bosse（隆起）？ nœud（结）？这些都不行。要么太抽象，要么太平淡。球状突出的膝盖看起来是很搞笑的，knobble 是一个有趣的单词。苦思冥想了一阵之后，我终于有了主意。应该用 tronche 这个词，而不是"隆起""结"或者其他不够贴切的词汇。tronche 给法国人的感觉和 knobble 给英国人的感觉类似，看起来、听起来都很有趣。tronche 可以指"脸"（如"做一个鬼脸"）、表情，或一个人的（可疑的、奇怪的、好笑的）样子或者举止。"La tronche!"，是一句典型的法语感叹语，大意是"看他那样子!"或"瞧这家伙!"。这是法语中意义与 knobble 最为接近的词汇。读译文的读者能够想象严肃的衬衫和领带变得轻松休闲的场面。

此外，半谐韵（assonance）[①] 和头韵也是诗歌的重要组成部分。默里在这方面堪称大师。《学员，1914》（*The Trainee, 1914*）也是我选中翻译的作品之一，这首诗讲述了一个澳大利亚人被诱骗离开自己的小屋，参加一场外国人之间的战争

---

① 半谐韵指两个相距不远的单词的音节元音相同，辅音不同（如 time 和 light），或辅音相同，元音不同（如 mystery 和 mastery）。——译者注

的故事。默里写道：

> Till the bump of your drum, the fit of your turned-up hat
>
> Drew me to eat your stew, salute your flag
>
> （直到砰砰的鼓声，大小正好的翻檐帽
>
> 引诱我吃你的炖菜，向你的旗帜敬礼）

bump（砰砰）和 drum（鼓声）押韵；drew（吸引）和 stew（炖菜）押韵；两句话的结尾也是押韵的——hat（帽子）和 flag（旗帜）。这首诗用了很多半谐韵［fit（正好）和 hat 的发音也有些相似］。字里行间的诗意就蕴藏在这种韵律之中，因此，我努力在翻译中保留这种样式。我做了一些调整。bump 变成了 tempo（节奏，与表示鼓的法语单词 tambour 押头韵）；fit 变成了 chic（漂亮，与法语中帽子一词 chapeau 押头韵）。Stew 比较难搭配。哪个法语单词能和 ragout（炖菜）一词押韵呢？后来我把诗中主人公吃的东西从 stew 换成了 soupe（汤），为了押韵又调整了时态：

> Jusqu'à ce que le tempo de votre tambour, le chic de votre chapeau
>
> Me poussent à manger votre soupe, à saluer votre drapeau

　　当然，翻译中最难的是保留默里作品的结构，同时确保法语译文通顺流畅。《暖雨》（"The Warm Rain"）可能是我选中的最难的一首诗，它是默里风格的极致体现——节制的诗句、极具画面感的词汇和奇特的韵律。开头是这样的：

Against the darker trees or an open car shed

is where we first see rain, on a cumulous day,

a subtle slant locating the light in air

in front of a Forties still of tubs and bike-frames.

Next sign, the dust that was white pepper bared

starts pitting and re-knotting into peppercorns.

It stops being a raceway of rocket smoke behind cars

（天空布满积云的日子，我们最早在

深色的树叶间，开放式车棚里，发现雨。

空气隐约出现一道道闪着微光的斜线

背景是一幅有浴缸和自行车架的 40 年代老照片。

下一个迹象，裸露的白胡椒粉一般的灰尘

开始堆砌，重新结成胡椒粒。

车后不再喷出火箭尾气一般长长的烟雾）

这七行诗句非常复杂。前两行可以比较自然地被翻译成法语：

Sur un fond d'arbres sombres ou un carport ouvert

La pluie nous apparaît, un jour nuageux,

其他几句就很难了。需要像看电影一样在脑中重现语言描述的场景。第三行，雨滴在空气中舞蹈；第四行车棚里的东西（浴缸和自行车架），被雨打湿之后，好像一幅纹理粗糙的"40年代老照片"。

Des fils subtils（细小的雨滴）qui rayent et floutent
（轻轻滑过，模糊视线）l'air

Comme un retour（仿佛回到）sur les années quarante
（40年代）en images.

第二节开始，描述对象发生了改变，这里翻译难度也很大。诗句描述的画面复杂而多变。灰尘颗粒，"裸露的白胡椒粉一般"，被雨水淋湿之后变成"胡椒粒"。灰尘常被路过的车辆扬起，"车后"扬尘不再是"烟雾"状。保留每一行的头韵、辅音韵和半谐韵——pepper bared、peppercorns、behind cars对于翻译来说难度很大。为了在译文中重现类似的效果，必须做一些调整。原文中是白胡椒，我改成了"盐（sel）"。

Puis la terre jusqu'alors fine comme le sel fin

Se mouille et ses particules grossissent en fleur de sel.

Les voitures qui passent n'engendrent plus leur fumée

de fusil

（直到那时还像细盐的尘土

被淋湿之后变成盐花

车尾好像步枪喷射出的长条烟带消失了）

翻译中有失也有得。车棚里的浴缸和自行车架在法语译文中消失了；火箭尾气也消失了（为了重现原文的韵律，改成了"步枪喷射出的长条烟带"：sel fin、fleur de sel、leur fumée de fusil）。两处删减造成了轻微的损失，但翻译中也有额外的收获来平衡这种损失：法语有"盐花"这个词，雨滴让含盐的土壤开出花朵的生动画面所带来的增色远大于删减带来的损失。

我翻译的诗集《与人共处之严肃》（*C'est une chose sérieuse que d'être parmi les hommes*）于 2014 年秋天出版。10 月 12 日，法国文化电台用一档三十分钟的节目介绍了我的这部译作。他们向听众介绍默里，他的经历和作品，以及一位年轻作家回报自己文学导师的故事。节目在说法语的国家和地区播出。

　　几个月之后，默里骄傲地在信中告诉我，他有一位来自波利尼西亚、以法语为母语的邻居非常喜欢我的翻译，还用它做法语课的教材。默里还提到，尽管他的法语已经生疏了，但阅读译本时他还是能理解不少内容，并乐在其中。在其他的信件中和明信片上——都是使用平邮服务寄送的（默里不喜欢电脑），一般需要十天时间我才能收到——他幸福地回忆以前在欧洲长途旅行的经历：他去过英国、意大利、德国和法国。但他在信中并没有流露出再次造访欧洲的意愿：他已经很多年没有来过了。默里已经年过七旬，身体状况不太稳定；他在布尼亚（Bunyah）的农场距离我有一万英里。

　　因此，默里将于 2015 年 9 月造访巴黎的消息非常突然。他接受了一个庆典活动的邀请，将在诗歌之家（La Maison de la Poésie）[1]演讲。我十分激动。当主办方邀请我与诗人同台时，我更是倍感荣幸。活动结束后，会售卖默里诗集的译本。

　　默里穿着一件五颜六色的套头羊毛衫——一件可靠的"汤汁围兜"——在飞机上颠簸了二十多个小时之后，与我在一家小酒馆见面。时隔多年，我终于听到了那些诗句背后弦乐一般的浑厚声音！次日晚上在诗歌之家，我们在观众面前、

---

[1]　诗歌之家创立于 1983 年，致力于鼓励诗歌的创作、传播，并常常举办各类活动。——译者注

聚光灯下畅谈，中间还用英语和法语朗诵默里的作品。

　　活动结束之后是签名售书。队伍很长，令人欣慰。后来，主办方的工作人员到后台来找我，默里希望我与他一同签字。

　　默里说："这样才公平。这部作品是我们共同创作的。"

第5章 闪电的自白

墨西哥，有人说，是"世界中心"的意思。我在普埃布拉（Puebla）①，世界中心的中心，见到了一位知道闪电在说什么的原住民。

我们的会面发生在亡灵节（Día de los Muertos）②之后不久。我并没有主动安排这次会面。前一天，还在倒时差的我在认真地看我的笔记，结果陪同我的一位会议组织者注意到了我为了打发飞行时间携带的一本书：詹姆斯·洛克哈特（James Lockhart）的《征服后的纳瓦人：墨西哥中部原住民的社会和文化历史，16世纪到18世纪》（*The Nahuas after the Conquest: A Social and Cultural History of the Indians of*

---

① 普埃布拉是墨西哥中部城市。——译者注
② 亡灵节是墨西哥重要节日，庆祝活动时间为11月1日和2日，节日期间家人和朋友会聚在一起，为亡者祈福。他们搭建私人祭坛，在祭坛上摆放糖骷髅、万寿菊和逝者生前喜爱的食物，并在墓地用这些物品祭奠逝者。——译者注

Central Mexico, Sixteenth through Eighteenth Centuries)。

"是纳瓦人," 她告诉我这个名词的正确读音，纳瓦人是阿兹特克人（Aztecs）[①] 的后裔、墨西哥最大的原住民群体，"你对纳瓦人感兴趣吗？"

无论是谁都会对纳瓦人产生兴趣。至少我是这么想的。我对纳瓦特尔语（Nahuatl，"清亮如钟声"）尤其感兴趣，西方语言中很多词汇都来自这种语言——avocado（牛油果，来自 ahuacatl）、guacamole（牛油果酱，来自 ahuacamolli）、chocolate（巧克力，来自 xocolatl）、cacao（可可，来自 cacahuatl）、tomato（西红柿，来自 tomatl）、chili（辣椒）、chia（奇亚）[②]、peyote（佩奥特掌仙人掌，来自 peyotl）、ocelot（豹猫，来自 ocelotl）和 axolotl（蝾螈）。"没有其他文明像他们那样热衷于语言。" 洛克哈特写道。没有任何文化像他们那样尊重声音的力量和魔力。墨西哥城［Mexico City，以前是特诺奇提特兰城（Tenochtitlan）］永远嘈杂热闹，回荡着蒙特苏马（Montezuma）[③] 的盛世强音。风声与阿兹特克人的长笛和陶笛同奏；滴答的雨声与手镯、脚链、陶瓷挂坠以及珠子发出的

---

① 阿兹特克人是墨西哥人数最多的一支印第安人，其创造的阿兹特克文明存在于 14 世纪至 16 世纪的墨西哥。——译者注
② 奇亚学名芡欧鼠尾草，薄荷类植物，原产于墨西哥中部、南部和危地马拉，籽可食用。——译者注
③ 此处蒙特苏马指阿兹特克特诺奇提特兰城的第五位统治者、阿兹特克帝国的第二位君王蒙特苏马一世，他执政期间，阿兹特克帝国完全统一，疆域得到了前所未有的扩张，并完成了将新鲜淡水引入特诺奇提特兰城的伟大工程。因此，蒙特苏马一世常被视为阿兹特克帝国最伟大的君主之一。——译者注

叮当声相呼应；电闪雷鸣的长夜之后是喇叭声、号角声、铜锣声和龟壳鼓声交织的清晨。身披五彩羽毛的歌者像美洲豹一般怒吼，像雄鹰一般高啼，像绿咬鹃一般柔鸣。动听的朗诵让听众沉浸在色彩与美之中，令人思绪飞扬，满心安详。

我的陪同人说："我认识一个纳瓦人。很健谈。他现在就在城里。我安排你们明天早晨见面，我会告诉他你只在这里停留很短的时间。附近有个咖啡店。我把地址写给你。你们可以在那里见面。"

"他会说英语吗？"

"他会说西班牙语。我现在就去给他打电话。上天保佑，他一定会有空的。"

他没有让我们失望。

他叫弗朗西斯科（Francisco，后来他告诉我这也是他父亲的名字），踩着点来到了咖啡店。他穿着干净平整的白衬衫，肤色偏棕，胡子刮得很干净，充满活力。我给他买了咖啡，尽力介绍自己。我的西班牙语因为疏于练习而不怎么流利。我告诉他我想了解纳瓦特尔语。

弗朗西斯科告诉我纳瓦特尔语（应该读"纳瓦特语"。tl中的l是不发音的）是学者的说法、他们写书时用的名字。他称这种语言"Mexicano（墨西哥语）"，念"Me-shi-ka-no"。

前几天节日庆祝剩下的几个糖骷髅（calavera）从玻璃展示柜的后面冲着我甜蜜地微笑着。

"我母亲会说纯正的墨西哥语。"弗朗西斯科脸上的表情变得十分柔和。与他交流得越多,我就越发现他情绪多变,阅历丰富。现在,他面带微笑,棕色的眼睛里闪烁着光芒,看起来像五十岁;不一会儿,他眉头紧锁,眉毛的颜色都变深了,好像戴上了隐形的宽边帽,这时,他看起来像七十岁。他皱着眉头说:"我不如我的母亲。我是混着说的。"他的意思是他会在说墨西哥语时混用西班牙语词汇。对于在以西班牙语为主要语言的国家生活的人来说,这是很自然的。

弗朗西斯科告诉我有些纳瓦人会批评这种做法。"这样的人不多,他们非常在意我们的语言。有时,如果我说 hasta moztla,类似于西班牙语的 hasta mañana(明天见),他们就会质问,你为什么跟我们说西班牙语?但木已成舟。我年纪也大了,不可能再去改变。我觉得 hasta moztla 说起来很顺口。它已经是我的语言的一部分了。或者,我告诉别人今天是周几,对方会要求,说墨西哥语!面对这样的要求,我会说,一样的,无论是说墨西哥语还是西班牙语,我们过的都是同一天。还有,你听我说,这种人中最极端的一批,他们很搞笑。在他们看来,不能说开 coche(汽车)。要说开 tepozyoyoli。但没人这么说话。tepozyoyoli 是金属生物的意思。你能想象这么说话吗?'我是开金属生物来这里的。'"

他随后轻笑了几声。

洛克哈特提到,有些阿兹特克人也费尽心思,希望用自己的语言表述西班牙人提起或者在他们面前展示的物品。比如说，他们将匕首命名为 tepozteixilihuaniton（意为刺人用的小金属工具），nequacehualhuiloni（遮盖头部的东西）是他们为描述帽子创造出的新词。Tlamelahuacachihualiztli（光明行事）是他们对"法律"或"正义"的表述。然而很少有人真正使用这些累赘的用语——这也不足为怪。和弗朗西斯科一样，大部分人还是会选择采纳——微调过的——西班牙语词。

对于大部分纳瓦人来说，真正重要的不是词汇的来源，而是发音。西班牙语、美式英语、葡萄牙语，什么语言无所谓，重点是发音好听。弗朗西斯科说："舌头爱上某个音之后，我们就会接受这个词并开始使用。"这不违背纳瓦特尔语的语法。纳瓦人对"词"的定义要比西方微妙、宽泛得多。

重复——在一个单词内通过重复某个音节改变或强化该词含义——是这种独特的墨西哥语言的核心（重复在英语中很少出现。reread 中有类似的现象——这个词比普通的"阅读"语气更强烈一些——还有饱受非议的 pre-prepared 一词）。kochi 是"睡觉"的意思。把第一个音节重复一下就得到了 koh-kochi——熟睡。xotla 是燃烧，xoxotla 是烧得很旺。此外，这门语言中还有成百上千个类似的例子。

正如弗朗西斯科所说，这一点造就了纳瓦特尔语借鉴环境以及非人类生物发出的千万种声音的特点。cocotl、cacalotl、papalotl 这几个词汇虽然只是动物的名字，却能让人立刻想到雪白的鸽子、漆黑的乌鸦和振翅的蝴蝶。huitzitzilin 这个词一出口，一只蜂鸟就会从你的舌尖嗡嗡地飞进听者的想象之中。因此，在墨西哥语中，说电话"叮铃铃"响不是最准确的。纳瓦人用 tzitzilica 描述电话发出的声音，这个词的发音会让人想起蜂鸟拼命振翅时发出的刺耳密集的声音。有关下雨的表达也很丰富。形容一场慢慢让市场冷清下来、让白杨树开始滴水的中雨，纳瓦特尔语中有 chichipica 这个词；同样的雨水在冬日变成白色蓬松的雪花，就搭配 pipixahui 这个动词。在室内，描述锅里的水煮沸的状态用 huahualca；描述锅里的玉米则用 cuacualaca。tzetzeloa 描述的也是一种日常生活中时常出现的声音：抖开衬衫、裙子或者女士上衣时发出的声音。

对于说墨西哥语的人来说，物品有时也会说话。

"我母亲会对我说'你听见时钟的话了吗？听时钟在和你说什么。'总是和工作有关。时钟总是念叨这些工作。一定要工作。tequiti 就是工作的意思。"

母亲还让弗朗西斯科屏蔽一些声音。强风、井、不同品种的鸟。它们满嘴脏话，她警告道。

弗朗西斯科还记得母亲曾告诉他闪电的话语。你知道闪电在说什么吗？

我打断了他。"relámpago?"我迷惑地问。"对，"他说，"relámpago，闪电。"我期待着他的解释。

他先喝了口咖啡。

"她告诉我，闪电说'cuecueiuca'。"

我觉得，对，这就是闪电会说的话。明亮，而且是锯齿形的。我感觉闪电仿佛在描述自己在夜空中的样子。这个词的意思是"发光"或"闪耀"。

闪电的自白：cuecueiuca！

我意识到这就是联觉的实例。闪电会给人的视神经留下深刻的印象。人们用墨西哥语表现闪电的外形，这样创造出的词语随后又演化出意思。感觉和声音在直觉的催化下融为一体。纳瓦人用圆唇软腭音［labiovelars（kʷ）］模拟大气电非常合适。弗朗西斯科表示他也无法解释为什么模拟闪电时一定要把嘴唇弄圆。

纳瓦特尔语有上百年的历史，又在语音上造诣深厚，但仍然在逐渐消亡。2003 年，墨西哥的宪法改革终于首次允许纳瓦人在进行学校教育和提供政府服务时使用自己的语言。但弗朗西斯科还是十分担忧。从他所听到的、身边人使用的语言判断，纳瓦特尔语正在衰亡。墨西哥各地有超过一百万人会说墨西哥语，但大多数和弗朗西斯科类似：已经上了年纪。年轻人因为不愿被说西班牙语的国人看作"土著（indios）"而逐渐抛弃这门语言，他们没有被实行双语制的观点所打动，不愿把墨西哥语传给后代。

在咖啡馆外，捧着一大堆咖啡豆的弗朗西斯科吹着轻快的小调。他说他一个人生活，想念有人说话的感觉，他与人交谈的机会太少了，说话对他大有裨益。

　　会议结束后——又一个天空碧蓝的晴朗日子——我走在普埃布拉的街头，侧耳倾听。路过车辆的喇叭声。喷泉奏出的动听打击乐。突然，不远处一座粉红色的低矮教堂传来钟声。它在诉说什么？我不由得好奇起来，真想问问弗朗西斯科。

第 6 章　精准语言

　　即便是在欧洲或北美洲的大城市，一个人也可能一辈子都不会听见或者看见一个国际辅助语（International Auxiliary Language，也就是世界语）词语。不会遇见 saluton（你好）、dankon（谢谢）或是 ne（不）。缺少使用者让世界语倡导者举步维艰。他们的处境十分尴尬，只能用世界语旨在取代的那些语言推广这门全球通用语言。他们用普鲁斯特（Proust）、兰波（Rimbaud）和萨特（Sartre）①的语言称颂自己的文学作品，用德语强调世界语的高效和准确，用英语赞扬它的国际主义和灵活性，用意大利语歌唱它的悦耳动听。Il faut lire Baghy! Sehr Logische! 说世界的语言！多么动听的语言！世界语！但他们的热情缺乏说服力，似乎无法通过翻译充分传达。因此推广

---

① 普鲁斯特、兰波和萨特均来自法国。——译者注

世界语的工作难以有条不紊地推进。世界语倡导者们并不担心人们不理解，漠不关心才是他们最大的恐惧。冷漠裹挟着嘲讽。世界语？不是和大小轮自行车（penny farthing）一块儿被淘汰了吗？世界语的倡导者常被看作不切实际的狂想家。

　　从 2015 年春季到秋季，我认识了几位会说世界语的人。他们是以世界语为母语的人（Denaskaj Esperantistoj），自出生起一直说这门来源与众不同的语言。我用（简单的）世界语——我青少年时过度好学的结果——写简短的信件，联系了不少相关组织，是他们给了我这些人的名字和邮箱地址。和我交流比较频繁的有彼得（Peter），他是一位年过六旬的老师，出生在奥胡斯（Aarhus），他父亲是德国人，母亲是丹麦人。还有斯泰拉（Stela），她二十多岁，世界语之外的母语是匈牙利语。其他一些人偶尔会回复，随意回答我的一些问题，提供零散的细节，但他们往往隐藏在假名之后，并最终消失在人海之中。

　　他们会说世界语，回复的又是用世界语写的信件，但彼得和斯泰拉一开始却选择用英语给我写信，他们忽视了语法规则，信中全是缺东少西的唐突句子。他们似乎不愿在外人面前说世界语。我意识到这其实是对我的一种考验。媒体的态度令他们失望，也导致他们对圈外人心存警惕。他们需要对我进行深度剖析。我到底是什么人？想要什么？我会说世界语这一点（尽管说得不好）很大程度上消除了他们的疑虑。

很快，他们的态度从冷漠转变为热情；在确认我不仅仅把他们当作报道素材之后，他们很乐意与我交流。斯泰拉记得她来自法国的男朋友读过我的第一本书《星期三是蓝色的》。她叫它 La blua libtro（那本蓝色的书）。

彼得和斯泰拉向我敞开了心扉，开始使用自己的母语。他们用世界语写出的句子令我震惊。他们能够自然、自如地用世界语思考并对话，这种能力令我深深着迷，与他们通信，你会感觉这种语言好像已经通过口口相传进化并发展了上千年。"我不知如何描述与世界语有关的人生经历。太多的往事和回忆了。印象最为深刻的是哪些？我也难以定夺。世界语一直陪伴着我。"彼得写道。（这是我从世界语翻译过来的，在与他们通信期间，我的世界语进步很快。）斯泰拉在邮件中也提到过类似的感受。他们让我想起了二十年前初次在一本图书馆的书上读到 iam estis eta knabo（很久很久以前，有一个小男孩）时我的感受（多年来我从未与人分享过当时的感受）：世界语并不是生编硬造出来的奇怪语言，而是人类语言的一种有趣的全新形态。

卢德维克·雷泽尔·柴门霍夫（Ludwik Lejzer Zamenhof）创造了彼得和斯泰拉的母语，他 1859 年生于波兰比亚韦斯托克（Bialystok）①，该地当时是俄罗斯帝国的一部分。他的

---

① 比亚韦斯托克是波兰东北部最大的城市，接近白俄罗斯边境。——译者注

父亲是一位教犹太女学生的老师，曾出版过《适用于俄罗斯学生的德语教科书》（ *A Textbook of the German Language for Russian Pupils* ）等作品，柴门霍夫在文化氛围浓厚的多语言环境下长大。在家，他说俄语和大立陶宛 ① 犹太人意第绪语（ Litvak Yiddish ）；在学校，他学法语和德语，练习拉丁语动词变化，解读希腊语文本。他还从邻居处学会了一点被沙皇政府打压的波兰语。由于对他而言，希伯来语是"上帝的语言"，他学会了从右到左阅读这种文字，而且能用希伯来语祈祷，读音相当标准。然而，如此好学的他如果走上街头，依然听不懂街角的人们在引述什么、笑什么以及聊什么，也无法和市场里所有卖面包的小贩自如沟通；在这座多种语言共存的城市，随时都有可能遇上来自白俄罗斯的商贩、来自立陶宛的话痨和来自乌克兰的路人，只要走错一条路或者认错一个人，柴门霍夫就感觉自己在这些人眼里像一个外国人。

柴门霍夫的亲身经历让他意识到外国人在比亚韦斯托克会引起人们的怀疑和愤怒。他曾用近视的双眼隔着窗玻璃看到一群留着胡子的人在他家门外一条积雪的道路上费力前行。突然，雪球从四面八方飞来，砸得他们又惊又怕，身上的衣服沾上了白色的雪块；雪球击中身体的砰砰声在柴门霍夫耳

---

① 　在犹太文化中，大立陶宛（ greater Lithuania ）包括波兰东北部的大片区域、白俄罗斯北部和西部、拉脱维亚南部和普鲁士东北部，大致相当于在立陶宛犹太人委员会（ Va'ad Medinot Lita ）管辖下的大片领土。——译者注

中像枪声一样刺耳。隔着窗玻璃,他看到雪球不断地在空中
飞舞。他听到有人一边砸一边骂,觉得心情格外沉重。发现
雪球中还藏着石头之后,柴门霍夫更是格外难过。弹药耗尽
之后,扔雪球的人转身逃跑,他听见他们轻蔑地嘲讽模仿意
第绪语的发音: hra-hre-hri-hro-hru。

　　hra-hre-hri-hro-hru 这些发音激发了柴门霍夫的想象力。
他聪明敏感,知道自己与众不同,现在又生发了创造一种通
用语言来消除语言带来的羞辱和偏见的梦想。此时萌发的梦
想后来成了他毕生的追求。

　　关于世界语是如何产生的,我们目前所知的大部分信息
来自早期世界语倡导者埃德蒙·普里瓦(Edmond Privat),他
在 1920 年用世界语撰写的柴门霍夫传记——彼得在邮件中推
荐给我的——可读性强且过度吹捧的内容不多。"柴门霍夫脑
中有很多荒诞大胆的想法,"彼得承认道,"四海之内皆兄弟
之类的。通过语言实现世界和平。荒谬!语言相通并不等于
心意相通。世上没有万灵药。看看以前的民主德国和联邦德
国。看看朝鲜和韩国。同样,说世界语的人之间也经常发生
争执。但他所做的一切还是可圈可点的:国际通用语至少可
以促进理念传播,消除偏见,拓展眼界。而且他找到了合适
的方式,不过于简单也不过于复杂,正好能够表达人类的一
切思想。"

　　柴门霍夫通过不断试错才找到"合适的道路"。他最初尝

试了 17 世纪英国国教会牧师约翰·威尔金斯（John Wilkins）提出的一种方法，博尔赫斯（Borges）[①] 也曾在一篇短文中提到这种随机给音节分配意思的方法。每个单词都是通过音节和字母的结合稳步形成的：单词越长，含义越精确。博尔赫斯在《约翰·威尔金斯的分析性语言》（*The Analytical Language of John Wilkins*）中解释道，de 指一种元素；deb 是火，deba 是火焰。zana（三文鱼）归属于 zan（河鱼），而河鱼属于 za（任何一种鱼）。"在查尔斯·L. A. 勒泰利耶（Charles L. A. Letellier）1850 年发明的一种类似的语言中，a 指动物，ab 是哺乳动物，abo 是食肉动物，aboj 是猫科动物，aboje 则是猫。"柴门霍夫在学校的练习纸上写下了一行又一行难以记忆又难以识别的单词，但他对这种方法也没有再做更多的探索。

　　创作原创语言失败之后，柴门霍夫又忙着复兴学校老师教的拉丁语。他想象全人类像在古罗马时代一样，用拉丁语沟通。但拉丁语的词形变化非常复杂，导致他的学校作业屡得低分；他必须先简化词尾，把 domus（房屋）这样的名词和它的众多变体——domuum、domōrum、domibus——简化成简洁的 domo。然后还要处理拉丁语没有的词，如雪茄、方糖、

[①] 　豪尔赫·路易斯·博尔赫斯（Jorge Luis Borges，1899—1986），阿根廷短篇小说家、诗人、翻译家，西语及世界文坛的重要人物，代表作包括《虚构集》（*Ficciones*）和《阿莱夫》（*El Aleph*）。

蒸汽火车、缝纫机、官僚和旧货商贩等。古罗马时代过去之后，世界早已发生了天翻地覆的变化。因此，柴门霍夫逐渐对这条路有了清醒的认识：也是死路一条。和上次一样，他花了不少时间才认清现实。

最终，他决定从自己在家里听到的、在学校里学到的以及在书上读到的各门语言中收集挑选单词。随后，每个单词都会被当时还是少年的柴门霍夫用自己设计的词汇模具重新塑形——名词统一以 o 结尾，形容词以 a 结尾，动词原形以 i 结尾——最终形成的词汇都有独特的拼写并遵循相应的规律：kolbaso（来自俄语词 колбаса，是香肠的意思）、frua（来自德语词 früh，是早的意思）、legi（来自拉丁语词 legere，是阅读的意思）。然而，从众多各不相同的来源借用词汇最终仍然可能生成杂乱无章的大杂烩语言。柴门霍夫缺乏以他加工出的词汇为基础，进一步生成新词汇的方法。一天，他在放学回家的路上找到了灵感，当时，一个糖果店外的带有西里尔字母的招牌吸引了他的注意。招牌上写着 Konditerskaya，意思是糖果匠的房子，这个单词和他此前看到的 svejcarskaya（搬运工的房子）一词十分相似。在柴门霍夫看来，两个招牌的类似性以及它们含义的对应性，非常有用。在俄语中，-skaya 表示"地方"，这种派生词缀可以让他新创造的语言更具结构性和条理性。

彼得和斯泰拉在信中常常使用含有这种词缀的词汇。世界语中有很多这样的词汇。在一封邮件中，彼得说他在帮自己的 bofilino（儿媳）搬家。这个单词由前缀 bo-（来自法语单词 beau，指因婚姻而形成的关系）和代指女性的后缀 -ino（filo 是儿子，filino 指女儿）组成。此外，他还曾为只发来一封 mallonga（短信）道歉。mal- 指"与……相反"。斯泰拉常常进行 cerbumadi（长时间的沉思）——我以前没见过这个动词——由 cerb-（大脑）、-um（一个表示宽泛动作的后缀）和 -adi（一直持续）几个部分构成。除了这三个合成词，我收到的邮件中还有很多这样的例子。

　　这些词汇在不同的地域和时间被一个一个有意地创造出来。在如此巨大的工作量面前，任何人都有可能感到灰心丧气。但柴门霍夫发现自己一旦开始就停不下来。他偶尔会停下来思考自己是否会疲倦，这种热情会不会消退，但他担心的情况并没有发生。学生时代的他把自己的业余爱好发展到了极致，将所有业余时间都投入其中。就这样坚持了好几天、好几周、好几个月。他孤军奋战，但足智多谋。有时在图书馆翻阅最厚的字典，有时在卧室的书桌上一页又一页地写笔记，有时则会给老师出难题，问一些难以回答的问题，比如哪个概念能够同时方便马来人和法国人记忆。钻研过程中的每一个进展——无论多么渺小，多么不稳定——每一个全新的词汇或规则，都令柴门霍夫满心欢喜。他一开始想选用来自拉丁语的 anno 表示年，最终还是用了来自德语或意第绪语的 jaro。他一度想要用 e 表示和，但最终选择了来自希腊语的 kaj，并为此开心得不能自已。他还发现将重音放在一个单词的倒数第二个音节上能让词汇音调更加优美，降低使用的难度，这令他非常开心。

莫迪凯·柴门霍夫（Mordechai Zamenhof）并不认可儿子的爱好。他讨厌卢德维克的胡言乱语，不希望他把本可以用来学习的时间全部浪费掉——他希望卢德维克未来成为医生。莫迪凯时刻处于爆发的边缘，他眉头紧锁、着急叹气，不止一次严厉地批评儿子。但卢德维克不听劝告。他的抗拒令父亲更加焦虑。卢德维克会为了这些疯狂的想法逃避责任吗？

莫迪凯找到了柴门霍夫的老师。他本人多年从事儿童教育工作，遇到过很多幼稚古怪的孩子，目睹过很多因爱好而走火入魔的事例。老师表示卢德维克确实令人担忧。他缺乏理智。只有疯子才会疯狂地把生命浪费在毫无意义的追求上。没有正经的学者会随意混合语言。很快全校都在传柴门霍夫家的儿子是疯子。

卢德维克不愿停止脚步——但他被迫停工了两年。这是因为他被送往莫斯科学习医术。他离家期间，大量的笔记——见证着他独自耕耘的漫长岁月——被扔进家中壁炉，烧成灰烬。莫迪凯不愿自己的家庭成为他人眼中的笑柄。然而，卢德维克归来之后又凭记忆将被摧毁的内容全部恢复。他带着这些笔记前往华沙，开了一家不起眼的眼科诊所，并与一位肥皂工匠的女儿订婚。这下他终于自由了。此后，在配眼镜和养家之余，卢德维克对他的"世界语言（universala lingvo）"做了最后的完善。

十年间，柴门霍夫的发明从几行字发展成一门有名词、代词、动词、谚语、形容词、同义词和韵律的语言。现在，他只需说服人们使用这门语言。因此，他起草了一本四十页的小册子——类似他父亲写给想要学德语的犹太女孩的指南——并于 1887 年出版了这本小册子，当时的西里尔字母标题翻译过来是《国际语言：前言和完全教程（适用于说俄语者）》。他当时才二十八岁。使用的笔名是霍佩尔医生（Doktoro Esperanto）。

令我惊讶的是，彼得和斯泰拉从未读过柴门霍夫的小册子——最早的世界语教材。他们并不是不用世界语阅读——彼得提到过他有或曾有世界语版的大仲马（Dumas）著作《基督山伯爵》（*La Grafo de Monte-Kristo*）、莱娜·卡普尼纳（Lena Karpunina）的短篇小说集《船》（*La Bato*）、让·福格（Jean Forge）早期的作品《买了一千只眼睛的托特先生》（*Mr. Tot Aĉetas Mil Okulojn*）、朱利奥·鲍吉（Julio Baghy）的《血土之上》（*Sur Sanga Tero*）以及诗人威廉·奥尔德（William Auld）的鸿篇巨制《年幼的人类》（*La Infana Raso*）等。世界语的《小熊维尼》（*Winnie la Pu*）早已被斯泰拉翻烂。然

而，和大部分现代世界语者一样，彼得和斯泰拉不熟悉柴门
霍夫小册子的内容，对其历史也不以为然。我读这本小册子
的电子版时，也觉得它已经和时代脱节。开头的句子——首
个被发表的世界语句子——生硬又令人迷惑："Mi ne scias kie
mi lasis la bastonon; ĉ vi ĝn ne vidis（我不知道把棍子丢在了
哪里，你没看见它吗）？"整本书的口气都很奇怪：认真、敏
感又油腔滑调。柴门霍夫使这本书的词汇表充满了挫败色彩：
书中有很多对抗性的词语，bati（鞭打）、batali（打架）、bruli
（烧）、ĉagreni（懊恼）、detri（毁灭）、disputi（争吵）、insulti
（侮辱）、militi（挣扎）、ofendi（冤枉）、puni（惩罚）、ŝanceli
（蹒跚）、trompi（欺骗）、turmenti（折磨）、venki（征服）等。
有些词汇很快就过时了：如 ekbruligu la kandelon（点蜡烛）、
kaleŝo（马车）、ŝtrumpo（长筒袜）、telegrafe（通过电报）和
lavistino（洗衣女）。

　　但小册子刚出版时，很多人从未见过类似的读物，对
它的看法与我不同。19 世纪 80 年代，世界各地的人们渴望
相互沟通。地理距离令他们发声困难。语言不同导致他们无
法相互理解。因此，上流社会读到这本冲破语言障碍的小
册子时，将"霍佩尔医生"捧成了可与贝尔（Bell）或爱迪
生（Edison）媲美的先锋人物。这本小册子为他们指明了通
往乌托邦的道路。一两年之内，成千上万的人在学习如何用
世界语说自己的名字［mia nomo estas...（我叫……）］、问问

题（Ĉu vi...?）和数数：unu（一）、du（二）、tri（三）、kvar（四）、kvin（五）……

不久，人们开始给华沙的霍佩尔医生写信。有人抱怨"我这里至今没人懂世界语（en mia urbo ĝis nun neniu ankoraŭ ion scias pri la lingvo Esperanto）"。有人写信来问，如果要说"不幸使人谨慎"，la malfeliĉo faris lin prudenta 和 la malfeliĉo faris lin prudentan 到底哪种正确（柴门霍夫回复"都对"），随后嫌弃上标字符写起来不方便（la signetoj superleteraj estas maloportunaj en la skribado）。但大多数信件都是赞美柴门霍夫的。一位来自英格兰伯肯黑德（Birkenhead）[①]的先生希望收到更多的世界语出版物，来自费城和巴黎的读者也有同样的需求。一位来自基辅的初学者用一行字赞扬世界语这个项目，即 tre interesa（非常有趣）。一位来自萨拉托夫（Saratov）[②]的牙医建议将果戈理（Gogol）的作品翻译成世界语。看到他创造的词汇被他人使用，柴门霍夫一定非常高兴。收到信之后不久，他又与人用世界语进行了口头交流。与他对话的是安东尼·格拉博夫斯基（Antoni Grabowski）。他是一位接近三十岁的化学工程师，嘴唇上方和下巴上都留着胡子，对语言充满热情，后面两点和柴门霍夫都很类似。他用近视的双

---

① 　伯肯黑德位于英国默西赛德郡（Merseyside），位于默西河（River Mersey）西岸，利物浦对岸。——译者注

② 　萨拉托夫是俄罗斯萨拉托夫州首府、伏尔加河下游右岸的港口。——译者注

眼，像检视蓝图一样研读了教世界语的小册子，并为之着迷，立刻成为世界语的支持者。格拉博夫斯基乘火车来到华沙，敲响了柴门霍夫家的大门。开门的是一位又瘦又小、过早秃顶的男子。柴门霍夫听到门外的陌生人用熟悉的世界语结结巴巴地与他对话，满心欢喜，随即请他进门。遗憾的是，他们两人的见面没有留下文字记录——两人都没有想到把当时的对话记录下来。我借鉴了一本近现代出版的、由格拉博夫斯基撰写的对话教科书，重现了两人对话的场景：

　　— "Ĉu vi estus Sinjoro Zamenhof?"（"您是柴门霍夫先生吗？"）

　　— "Jes!"（"是的！"）

　　— "Sinjoro, mi havas la honoron deziri al vi bonan tagon."（"先生，能向您问好，我倍感荣幸。"）

　　—"Envenu, mi petas. Sidiĝu. Kiel vi fartas?"（"请进。请坐。你好吗？"）

　　— "Tre bone, sinjoro, mi dankas. Kaj vi?"（"我很好。谢谢。您呢？"）

　　— "Mi fartas tre bone."（"我也很好。"）

　　— "Mi ĝojas vin renkonti."（"很高兴认识您。"）

　　— "Vi estas tre ĝentila."（"您客气了。"）

　　— "Volu preni mian karton de vizito."（"请收下我的

名片。”）

　　-"Ĉu mi povas proponi al vi kafon aŭ teon?"（“您喝咖啡还是茶？”）

　　我能想象柴门霍夫出于习惯、不假思索地问出这个问题，其实在书本外的现实世界，茶在该地区还十分罕见。

　　-"Kafon."（“咖啡。”）
　　-"Ĉu vi deziras kremon?"（“您要奶油吗？”）
　　-"Ne, mi trinkas nur kafon nigran."（“不用了。我只喝黑咖啡。”）

　　寒暄过后，两人进入正题。他们可能讨论了柴门霍夫的小册子以及如何进一步推广世界语，并就世界语语法的一些细节问题进行交流。他们应该不会谈论政治，更不会有什么深层次的心灵沟通。半小时之后两人可能就无话可聊了。

　　用世界语写的信！一边喝咖啡，一边用世界语聊天！满腔热血的柴门霍夫相信世界语的时代即将到来。他想象成千上万的人用世界语说话，相信自己的理想一定会所向披靡，相信一场革命即将到来。然而，世界语热并没有持续多久。英国出版商小规模地推出了一些“世界语自学”短语手册。在欧洲大陆的宴会上，想要在客人面前显摆一番的主人会一边享用红酒和小食，一边说上几句世界语。想要简化拼写的美国人浅尝辄止后很快就移情别恋。让业余爱好者加入付费会员的尝试均以失败而告终。多数人不愿为学习语言投入金钱。当初满怀热情学会的一点内容也很快就忘记了。几个月、几年过去了，乌托邦依然没有实现。柴门霍夫发现自己捉襟见肘，妻子带来的五千卢布的嫁妆都被花在世界语上了。

他的身体也不是很好，心脏十分虚弱，尤其需要注意。他外表苍老，人们在得知他的真实年龄时都很惊讶。他烟抽得太多，觉睡得太少，几乎没有食欲。不是在修改来信中的错误，就是在起草推广世界语的讲话或构思新的合成词。他的一生就是一节漫长的语言课。

然而，柴门霍夫一定也感觉到了，推广世界语的事业正在逐渐脱离他的掌控。小册子出版十年之后，世界语的中心逐渐向西转移到了法国。法国成为一条经济生命线：知识分子愿意花重金资助期刊的出版。但他们也会根据自己的意愿修改其中的内容。在他们看来——用今天的键盘打起来也很困难的——变音符、带有音调符号的 h 和 s 以及其他字符都很丑陋，他们希望全部去掉。柴门霍夫表示他愿意考虑一下。他们想实现的改变还有很多。比如让世界语更接近意大利语：用 du libri（两本书）替代 du libroj。有关这一点，柴门霍夫也没有明确反对。他们还认为形容词无须和它修饰的名词相配：应该说 granda libri（大书）而不是 grandaj libroj。句子的宾语也不需要加 n，mi legas grandan libron（我在读一本大书）不如 mi legas granda libro。柴门霍夫提出了反对。他原则上可以接受去除变音符和修饰词，但拒绝改变构建句子的规则。

　　双方的争执断断续续地持续了好多年。最终世界语运动分裂成了两股势力，一股是柴门霍夫领导的主流保守派，一股是少数的改革派——在保守派看来，改革派就是瞎折腾——他们立志修正创始人的错误。然而最终改革派直接被保守派消灭了。世界语的事业还在继续，但柴门霍夫的信心受到了打击。1914 年一战爆发，三年后，柴门霍夫去世。

　　彼得说："一战结束后不久，一天，村里扫烟囱的人告诉我父亲有一种'容易学的国际语言'。我父亲没怎么上过学，但认得字，他在当时流行的百科全书《新社区学院》（*Die Neue Volkshochschule*）中找到了世界语教程。"这套百科全书共有四册，也教读者速记、写字、卫生、运动和艺术等方面的内容。"后来，他搬到了汉堡（Hamburg），成为一名警察；他在那里的世界语圈子中十分活跃。"

　　20 世纪 20 年代魏玛共和国时期的德国（Weimar Germany）①充斥着罢工、起义、愤怒和饥饿。德国国内反犹太

---

① 　魏玛共和国指 1918 年至 1933 年采用共和宪政政体的德国。——译者注

人情绪高涨。世界语的创始者是一位来自波兰的犹太人，这一点让德国世界语者的日子很不好过。无论是在繁忙的大街上相互问候、交换新闻或互诉忧虑，还是在某人的家中或公共场所聚会庆祝柴门霍夫的生日，他们都要忍受种族主义者的诋毁。早在 1926 年，彼得的父亲就可能在全国发行的周刊《帝国卫报》（*Der Reichswart*）上读到这样的语句：世界语是"语言中的怪胎，脱离人民的生活……是犹太复国主义者（Zionist）征服世界的计划的一部分，是犹太复国主义的奴仆，摧毁德国的帮凶"。1928 年，巴伐利亚州议会就是否将世界语课程引入德国学校教育进行了一场辩论，民族社会主义工人党（National Socialist）代表鲁道夫·布特曼（Rudolf Buttman）明确表示世界语是"犹太人拼凑出来的语言，插入德国文化中的尖刺"。1930 年民族社会主义工人党的报纸《人民观察家报》（*Völkische Beobachter*）批评有些德国人在用"吸血鬼一般的国际主义者的"语言"胡言乱语"。

因为有国际主义倾向，1932 年，彼得的父亲被赶出警察队伍。其他世界语倡导者也无法给他太多的帮助。很多人为了不得罪新政权，上行下效，将"犹太人、和平主义者和投机主义者"赶出了俱乐部。俱乐部本身也很快就不存在了：1935 年，民族社会主义工人党的伯恩哈德·鲁斯特（Bernhard Rust）部长关停了所有俱乐部。几乎同时，用世界语或希伯来语写信也被禁止。那时，彼得的父亲已经逃往荷兰，后来又辗转到挪威和丹麦。最终，他在丹麦以教初级世界语为生。"我的母亲就是他当时的学生。他们在 1937 年结婚。丹麦被德国占领之后，我父亲成为一名军队司机。他开车接送军队高官，努力保持低调。纳粹出现颓势时，他也收到了上战场的通知，但最终成功逃过一劫。幸好他会说丹麦语——对于德国军队来说，翻译比普通士兵重要得多。"

彼得 1947 年出生在他母亲的家乡。次年，他随父母搬回了汉堡。在汉堡，他父亲又穿上绿色的警察制服，每天巡逻，也参加世界语俱乐部，晚上在那里教课。他们的家也像是世界语教室，彼得和妹妹伊丽莎（Eliza）都要学习如何用世界语称呼餐桌上的面包、肝泥香肠和果酱——pano、hepatokolbaso 和 marmelado。兄妹俩随父亲，讲一口带有低地德语（Plattdeutsch）[①] 俗气口音的世界语。"他的世界语一点也不讲究。这不奇怪，毕竟他来自一个不注重教育的小村镇。他说话不像饱学之士那么注意细节。"彼得和妹妹从小就是世界语俱乐部的常客。他记得偷偷在心里笑话大人们的错误。"偶尔，我还会发现我父亲——一位十分活跃的世界语老师——在教语法时犯错（我什么也不敢说）。"

在一封邮件中，彼得附上了一张他儿时的彩色照片，当时的他还是一个脸蛋红扑扑的金发小男孩。照片中的男孩系

---

① 低地德语是一种德国方言，主要使用者在德国北部、丹麦南部和荷兰东部。——译者注

着领带，穿着米色短裤，白袜子一直拉到膝盖。男孩的左侧，照片的中央是彼得的父亲，他脸颊同样很红，穿着深色西装，骄傲地展示着一幅以童话人物蓬蓬头彼得（Struwwelpeter）[①]为主人公的儿童画。彼得身后是一棵闪着光的圣诞树。"当时我五岁。必须用世界语背蓬蓬头彼得的故事。"在他父母的俱乐部里，彼得背诵诗歌、唱歌、画素描。有时国外的世界语者会前来访问。"如果我没记错的话，我可以流利地与他们对话——不输给任何其他孩子。"

　　不在家或者俱乐部的时候，彼得其实是很害羞的。"一次，坐有轨电车时，我和我的父母正在用丹麦语聊天（我母亲总是用她的母语和我对话），一位丹麦乘客也加入了进来。我不喜欢他，转身背对他，用世界语继续说话。"

　　彼得九岁就开始参加国际世界语聚会。"1956年，我参加了在丹麦举行的第一届儿童大会。"彼得与其他大约三十个孩子进行交流。有一个和他年纪相仿的男孩来自美国得克萨斯州。这个得州男孩穿着一套牛仔服，戴着一顶绣着雄鹰的红色宽边帽。两人聊了起来。"我们用世界语交谈，一切似乎都很自然，没什么特别的。"两人一起去了哥本哈根（Copenhagen）的动物园。"但我一直想着那顶帽子！"回到汉堡之后，彼得的父母像往常一样每周带他参加俱乐部活动。

[①]　蓬蓬头彼得是海因里希·霍夫曼（Heinrich Hoffmann）创作的著名童书《蓬蓬头彼得》（*Struwwel peter*）中第一个故事的主人公。——译者注

"结果那个男孩的父母决定在回美国的路上顺便访问我们俱乐部，他们把牛仔帽送给了我。我非常满足。"

进入青春期之前，彼得从未就世界语进行过什么思考。"意识到语法规则之后，我放慢了说话速度，思考单词后是否应该加上 n。"他发现自己逐渐被语法方面的顾忌所束缚：这个句子应该这样说还是那样说？怎么才能确定自己说的话是能被他人理解的？但这个阶段很快就过去了。"我开始独自旅行。越来越自信。我在芬兰度过了六周的假期。我不会说芬兰语。丹麦语和德语都派不上用场。但我从未感觉自己像游客。与几乎接触不到当地人的露营者不同，我和说世界语的芬兰家庭同吃同住。世界语好像一张能让我畅行全球的通行证。"

彼得一生大部分时间都在旅行。"我在德国、丹麦、法国、芬兰、瑞典、荷兰、波兰、捷克、斯洛伐克、斯洛文尼亚、克罗地亚、塞尔维亚、波黑、奥地利、澳大利亚、英国、西班牙、中国、尼泊尔、冰岛和美国等地用世界语与人交流。"他与第一任妻子就是在克罗地亚相遇的。"是在世界语研讨会上。她不会说德语，我也不会说克罗地亚语。"她的世界语令他着迷。"塞尔维亚人和克罗地亚人最擅长发音。"他们用世界语甜蜜地低语、闲聊、争论。两人结婚后没有孩子，彼得后来领养了一个男孩和一个女孩。"足球是我儿子的一切。我的女儿已经是大人了，我只教会她几个单词。从世界语运动的角度来看，我不是一个非常成功的说世界语的父亲。"

　　彼得的妹妹比较成功。彼得告诉我："我的侄子和侄女都以世界语为母语。不过，据我了解，侄子已经基本放弃世界语了。侄女的丈夫也以世界语为母语，但他们现在也不活跃。"如今，彼得和妹妹很少联络。

　　和彼得交流时，我感觉世界语是他人生中重要的事业。他多次给报纸写信，希望人们改变对世界语的看法。"多年来我一直订阅《时代周刊》（*Die Zeit*），并常投稿有关世界语的文章。后来，终于有一位编辑告诉我报社禁止出版任何有关世界语的积极报道。不过，时代在不断变化，越来越多有关世界语的内容见诸报端。"他表示自己不是世界语的布道者，"我不隐藏自己的信仰。常把世界语运动的标志——一面绿色的旗帜——别在胸前。但我不会四处说教。"

　　五十岁时，他决定回到出生地；彼得现在住的地方距离哥本哈根有一小时车程。"我常常好几天都不说世界语。最近的俱乐部在哥本哈根，我只是偶尔去一两次。世界语反而是打电话、用电脑交流时用得比较多。"他在生活的不同方面视情况分别运用三门母语。"我用德语算算数。用什么语言写购物清单取决于在哪里买东西：在丹麦就用丹麦语，在德国就用德语。如果是提醒自己买世界语书籍的便条，就用世界语。"有时，他会在梦中说世界语。"如果一连几天参加某个聚会的话，世界语就会冒出来。"

在他看来，世界语有未来吗？"我希望有。它也是代代相传的珍贵遗产。"

斯泰拉是一位二十多岁的社会学家，她是新一代的母语为世界语者。斯泰拉是她的世界语名字。匈牙利人叫她埃斯特（Eszter）。她的父亲是一位法语老师，母亲是一位主要在布达佩斯活动的职业译员。父母双方都是热忱的世界语者。但她的父亲在法国还有另外的人生。"他只是偶尔来看看我和妈妈。也算是个特别的人物。他的世界语不错，但算不上完美；他总是漏掉 n。"斯泰拉的世界语是和母亲学的，她的母亲上大学时学习了世界语，当时就说得很好。

斯泰拉和彼得不同，她记得自己学会的第一个词。"我母亲正在把我往婴儿车里放，这时，我看到了迎面驶来的有轨电车，随即抬起了我的食指，叫道 'Vidu!（看！）'。"她在学校学会了说匈牙利语。"我和我母亲用世界语对话，我不明白我的同学们为什么觉得这一点很不寻常。有些其他同学在家也说外语，比如俄语或者德语。"当时她常常混淆两门语言："我会把单词混在一起。提到柚子，我会说 pampelegér——世界语 pampelmuso 和匈牙利语 egér 的结合。"

斯泰拉和她的母亲一样热爱阅读，读了很多书。她卧室的书架上堆满了五颜六色的世界语书籍。她告诉我她最喜欢的书之一是匈牙利世界语作者蒂博尔·塞凯利（Tibor Sekelj）的作品《库梅瓦娃：丛林之子》（*Kumeŭaŭa, la filo de la ĝan-*

galo)。她不做任何铺垫和介绍，直接告诉我书名，好像这本书是经典名著一样。后来，我在网络上搜索有关这部作品的信息时才吃惊地发现它竟然真的是一部经典作品。这部儿童冒险文学 1979 年首次出版，被翻译成了多种语言，在世界各地的书店里都长期有售。在东京，它的地位曾不亚于《小王子》（ *The Little Prince* ）。我找到了最初的情节梗概：

> 在阿拉贡瓦霍河——亚马孙河的一条支流，一群游客遇到了危险。他们的船沉没了。还好库梅瓦娃出手相助。"鱼看长度，人看知识。"库梅瓦娃年仅十二岁，是卡拉贾部落的一员，对丛林生活的方方面面非常了解。

尽管有库梅瓦娃的冒险——惊险的沉船和勇敢的救援——斯泰拉与许多和她年纪相仿的人一样，逐渐失去了对阅读的兴趣。"我不懂柴门霍夫创造的俗语或者表达。我没有接触过那种文化环境。有些人可能比较了解，但哺育我的文化来源于我的家人和朋友。"有趣的是，斯泰拉满二十岁后，她的母亲就不再和她说世界语了。"她对我说：'我会的都教给你了。'在那之前，她只有一次在发脾气时，跟我说过匈牙利语。"斯泰拉与其他说世界语的朋友——她的第二家庭——更为亲近。"我成长的过程中一直不明白其他匈牙利人为什么暑假要和家人一起过。我暑假期间总是出国和其他世界语者在一起。"

　　彼得和斯泰拉都曾热情地描述过世界语运动的各类国际活动：俱乐部、会议以及其他聚会。从他们不同的描述中可以看出，这种聚会也在不断变化。在彼得那个年代这些聚会还很正式，要打领带，注意言行举止。今天，赤脚参加的人和廉价酒的瓶子随处可见。彼得那一代世界语者会举办灯光绚丽的舞会。斯泰拉的同伴们会围坐在桌边玩桌游。彼得透露学生们为参会者准备的食物总是难吃得无可救药，全是油和不新鲜的蔬菜；糟糕的食物可能是为数不多没有改变的元素。

　　世界语当然也在变化。它的不断进化对于彼得和斯泰拉来说是莫大的鼓舞。不断发展的过程标志着世界语是一门自然且适应性强的语言。有些极小的变化是技术进步带来的：彼得已经很久没有用过 kasedaparato（盒式录音机）这个词了，现在他用一个发音几乎一模一样的单词 kafaparato 表示咖啡机。短信的出现导致很多常用词被简写：发短信时，斯泰拉用 k 表示和（kaj），bv 表示请（bonvolu），cx 表示有关（ĉirkaŭ）。还有一些变化源于文化的发展，年轻人想要摆脱爷爷奶奶的说话方式。形容东西非常好，彼得会说 bonega（很好），斯泰拉则会说 mojosa（酷）。"我第一次听说这个词是在一个青少年的聚会上。"她告诉我。这个新词很快就流行了起来。"现在每个青少年活动都会用到这个词。"

　　最显著且很少被报道的变化发生在世界语内部。词汇意义的细微差别在逐渐改变语言。一百年前，因为受到俄语的影响，大小船只"在水里游（naĝis）"，如今，它们"航行"。这个例子来自世界语语言学家约科·林德斯泰特（Jouko Lindstedt）。还有单词 versaĵo（意为一段诗文），这个词早已被 poemo 取代，然而 poemo 过去仅指史诗。另外，在过去一百年间，单词聚合在一起表达更为复杂的意义的方式也发生了改变，词组在逐渐变短。柴门霍夫会说 ĝi estus estinta ebla（有那种可能），而彼得只用 ĝi estus eblinta 就可以表达同样的意思，斯泰拉的版本更短——ĝi eblintus。随着世界语的发展，评判世界语句子优劣——什么样的句子更符合世界语的特点——的标准逐渐形成。世界语运动中的重要人物克洛德·皮龙（Claude Piron）认为，tiuepoke li vigle sportis（直译为"那时他积极运动"）这样简洁的句子优于 en tiu epoko li praktikis sporton kun vigleco（那时他以积极的态度进行运动）。

　　尽管简短，皮龙的句子和大部分世界语语句一样，只存在于纸和电脑屏幕上。一直以来，世界语都更像一门书面语言。"说世界语时，我经常需要花好几分钟才能进入状态。"斯泰拉承认道，"我常常写世界语，但说和写不是一回事。"因此，世界语会议对于彼得和斯泰拉来说非常重要。会议为他们搭建了可以用世界语沟通的临时空间，但这样的对话作用有限，也不自然。很多参会者是永远的初学者，像站在演讲台上一样一直低头盯着自己的笔记。一个元音没念准就有可能产生误解。

　　掌握句法是一回事，理解别人在说什么和写什么就是另一回事了。另一位世界语语言学家肯·迈纳（Ken Miner）用世界语写了多篇论文，强调了语意含糊的问题。看似简单的 **mi iris en la ĝardenon** 是指"我走进花园"还是"我在去花园的路上"？我征求彼得的意见时，他认为是第一种意思，但迈纳表示很多世界语者，甚至包括部分经验特别丰富的世界语者不这么认为。在另一篇论文中，迈纳探讨了词缀 -ad。教科书告诉世界语学习者这个词缀表示动作的持续：kuri（跑），kuradi（不停地跑）。但迈纳在世界语文学作品中找到了大量反例：li atendadis dum horoj 指"他一连等了好几个小时"，但"病人等了好几个月"是 pacientoj atendas dum monatoj，在第一个句子中，-ad 表示等待长达好几个小时，然而，在第二个句子中，尽管等待长达好几个月，-ad 却没有出现。

　　迈纳认为这种模棱两可和自相矛盾之所以存在是因为塑造世界语的人不以这门语言为母语。柴门霍夫和他最初的追随者没有母语为世界语者的直觉，只能依靠逻辑；然而语言因性质特殊本来就不总是符合逻辑。使用者的判断会受到他们各自的母语（波兰语、俄语、英语、法语……）的语法规则的影响，从而相互冲突，至今仍无法达成一致。就连彼得和斯泰拉也无法准确地判断有些句子是对是错。他们的直觉形成于不使用世界语的社会，并不可靠。彼得几次这样告诫我："别以为以世界语为母语的人说话就不犯错误！有很多明显的反例！"这很大程度上取决于父母的水平。有些人号称以世界语为母语，却只会说一些厨房用语。

迈纳的研究和彼得的观点令人十分意外，也不符合世界语运动对这门语言"简单易学"的自信宣传。然而，我的吃惊并没有让彼得感到意外："学习者的平均水平，我只能从经验判断。大多数人几乎没有掌握。世界语没有有些专家描绘的那么简单。"和任何一门其他语言一样，世界语也有奇怪和矛盾的地方，这些都增加了学习的难度。《世界语语法完全手册》（*Plena Manlibro de Esperanta Gramatiko*）有近七百页。重读世界语运动发表的观点——"对于以英语为母语的人来说，我们估计世界语比西班牙语或法语容易五倍，比俄语容易十倍，比阿拉伯语或中文文案容易二十倍，比日语容易无数倍"，我意识到这是毫无根据的营销文案和营销数据。

这还不是全部。一百三十年前，柴门霍夫表示他的目标是培养一千万名世界语者——这仅仅是初步目标。1983年，一位美联社记者请世界语运动的主席格雷瓜尔·梅尔滕斯（Grégoire Maertens）估计全球共有多少世界语使用者，后者回答："我一般认为有一千万人能够读懂世界语。会说的没有那么多。但又有多少人能够正确地使用母语进行口头表达呢？"我觉得这只是一厢情愿。我不相信报道中的类似说法：说世界语的人比说威尔士语或冰岛语的人多，世界语的使用者人数与希伯来语和立陶宛语的使用者人数相当。然而这些推广者似乎都没有将人口膨胀的问题考虑进去：1887 年的一千万人相当于 2017 年的五千万人。即便是在世界语出版社最热情洋溢的栏目中，也没有报道会写世界语者有五千万人。根据语言学家的估计，处于活跃状态且水平过关的世界语者数量十分有限。肯·迈纳和他的同事认为有五万人左右。格陵兰岛卡拉亚苏语（Kalaallisut）[①]的使用者差不多也是五万人。

世界各地的人都使用语言，但大多不会刻意选择使用某种语言。使用母语是每个人与生俱来的权利。彼得和斯泰拉以世界语为母语，这样的人全球可能不到一千人。那么其他的上万名世界语者为何选择掌握这门语言呢？他们并没有什么实际的目的：英语不仅是很多人的母语，更是目前世界各国人民交流的主要桥梁。世界语学起来也不是特别简单，它与其他任何语言一样复杂多变。学习世界语的决心背后是更深层次的渴望——想要与众不同、宣扬善念或融入一个紧密的团体。世界语让世界变得简单，将所有人清晰地分成两种：一种仍在黑暗中挣扎，闭目塞听，坚持固有模式；另一种则可以堂堂正正地宣告"Mi parolas Esperanton（我会说

---

① 卡拉亚苏语即标准格陵兰语，大部分格陵兰岛居民和丹麦境内的格陵兰因纽特人均使用这门语言。——译者注

世界语）"。

　　这样的提炼似乎能给世界语者带来些许安慰，但至少彼得从自己丰富的阅历出发并不这么认为。在我们通信期间，我曾提到过最喜欢的词汇这个话题。我找到了一个针对世界语作家、诗人及其他世界语者的调查，并将它发给了彼得。我希望以此为引子，听听彼得对世界语负载的情感的看法。但我想错了。彼得回复，词汇，无论来自什么语言，永远无法充分表现真实的世界。斯泰拉说哺育她的文化来自亲人和朋友，表达的其实也是类似的观点。"这样的清单无法打动我，"彼得写道，"mielo（蜂蜜）为什么比 marmelado（果酱）更美呢？我从未见过或听过 najtingalo（夜莺）唱歌。但两年前的冬天，我在这里，在丹麦的乡下距离我家不远的地方，教会了一只野鸡吃我手中的食物。对我来说，fazano（野鸡）比 najtingalo 好听多了。"

第7章　回归母语的非洲作家

非洲文学的元老恩古吉·瓦·提昂戈（Ngũgĩ wa Th-iong'o）在向我讲述他用监狱的厕纸创作的世界上第一部基库尤语（Kikuyu）① 小说《十字架上的恶魔》（*Caitaani mũtharaba-Inĩ*）的故事。

故事是什么时候开始的？ 1977 年 12 月 30 日的午夜。当时，我和家人住在利穆鲁（Limuru），武警突然冲进来，把我从家中拖出来，塞进了一辆越野汽车。那是绑架：他们没有带走我的理由。第二天，周六，他们给我戴上了镣铐，把我送到内罗毕（Nairobi）的卡米提最高戒备监狱（Kamiti Maximum Security Prison）。我不再叫恩古

---

① 　基库尤语是肯尼亚基库尤人使用的语言之一。基库尤是肯尼亚人口数目最多的民族。——译者注

吉。狱警只用我的编号 K677 称呼我。我和其他被扣押者被肯雅塔（Kenyatta）[①]政权视为政治异见人士。我未经审判被拘留了一年。错过了女儿娃姆尹吉（Wamuingi）的出生。收到家人的信和女儿的照片，我才知道女儿降生的消息。最初的几周特别艰难，我感到非常孤独。不过，很多其他因犯认识我，知道我的作品。他们给了我很多鼓励。有些人会把书借给我看。狄更斯（Dickens）、亚里士多德（Aristotle）。有人送我圆珠笔和铅笔。让我产生写作的渴望的原因还有一个。一天，一位看守向我抱怨受过教育的肯尼亚人看不起自己的民族语言。我不敢相信我的耳朵！那天晚上我坐在牢房的书桌前，用基库尤语写下了一部小说的开头。我只有监狱发给囚犯的成卷的用于解决内急的纸。厕纸又厚又硬，就是特地为囚犯准备的，用起来不舒服但非常适合写字。更严重的问题是我的语言。我用基库尤语写下的文字读起来很奇怪。我从未用基库尤语写过这么长的文章。我的狱友们又一次善良地伸出了援手。他们帮我寻找适合某个场景或者人物的词语，教我新的歌曲和谚语。在完成这个故事的几天后，我收到了即将获释的消息。这部作品于两

---

① 乔莫·肯雅塔（Jomo Kenyatta，1891—1978）是一位肯尼亚反殖民主义活动家、政治家，1963 年至 1964 年任肯尼亚首相，1964 年至 1978 年任肯尼亚总统。肯雅塔是肯尼亚第一位原住民政府首脑。——译者注

年后的 1980 年在内罗毕出版。

讲完五味杂陈的监狱生活之后，恩古吉露出了微笑——他看起来很年轻，不像七十七岁的老人——然后继续吃他面前的香煎鹅肝配蔬菜鞑靼。我们在法国海边小镇南特共进午餐。五月的南特已经入夏。我们选择了一家距离恩古吉下榻的酒店不远的餐厅，在热闹的天台上吃饭。楼下，参加文学节的人们在活动间隙沿着运河骑行或散步；突然，恩古吉站起来，走到阳伞外的天台栏杆边接了一个电话，他突然的动作吸引了几个楼下行人的目光。恩古吉穿着绣着闪亮金色大象的黑衬衫，宽松的米色休闲裤和黑色旧运动鞋。他用基库尤语（六百万肯尼亚人的本土语言）接电话的声音——语速快、声音大、语气坚决，和他此前说的英语以及周围人使用的法语都很不同——传了开来。南特是儒勒·凡尔纳（Jules Verne）[①] 的故乡，这一点从城中的雕塑和街道名称可以看出来。参加文学节的人们或步行或骑车，有些会抬头看恩古吉一眼，对于他们来说，恩古吉是"非洲"的代表吗？凡尔纳笔下的非洲？

---

① 　儒勒·凡尔纳是 19 世纪法国著名小说家、剧作家和诗人，现代科幻小说的重要开创者之一，代表作包括《海底两万里》（*Vingt mille lieues sous les mers*）、《八十天环游地球》（*Le tour du monde en quatre-vingts jours*）等。——译者注

大大小小的村落零散分布于布满荆棘的巨大峭壁和密不透风的多刺丛林之间的空地上……长着巨大驼峰的动物在牧草丰美的平原上吃草，偶尔隐身于高高的草丛之中；繁花盛开的树丛散发着强烈的香味，好像巨大的花束；然而，这些花束也是狮子、豹子、土狼、老虎的栖身之地，它们藏身其中躲避日落前最后的炙热阳光。有时灌木的顶端会因为大象的到来而左右摇摆，树枝被它用象牙强力拨开，发出断裂的声音。[摘自《气球上的五星期》(*Five Weeks in a Balloon*) [①]]

恩古吉即将返回肯尼亚（他只是在南特短暂停留，参加国际作家节）。他一直流亡西方，主要在美国生活，1982 年起在加利福尼亚大学尔湾分校（University of California, Irvine）教授比较文学。他难得回国，这一次——十年来的第一次——可能是他人生中最后一次返回祖国。因此，他来南特（从巴黎乘火车两小时到达）并被我及时发现可谓好事成双。他十分慷慨，甚至可以说对我十分迁就：明明有很多事情需要处理，却依然同意与我见面，探讨语言及语言政治。

在肯尼亚的部分地区——这些地区以英语和斯瓦希里语（Kiswahili）为官方语言——恩古吉的政见是极具争议性的。

---

① 《气球上的五星期》是儒勒·凡尔纳 1863 年出版的作品，讲述了主人公探索当时欧洲读者尚不熟悉的非洲的故事。——译者注

他一直呼吁非洲作家用非洲语言写作及出版作品〔"为什么五百万丹麦人有丹麦文学，四千万约鲁巴人（Yoruba）[1]却没有自己的文学呢？"〕；非洲知识分子应该用非洲语言推理和辩论。他坚称英语不是非洲语言。许多与他同时代的人不同意这种观点。约鲁巴族作家沃莱·索因卡（Wole Soyinka）的小说和诗歌是用英语创作的，伊博族（Igbo）[2]作家奇努阿·阿切贝（Chinua Achebe）的小说和散文也是如此。在 1965 年的文章《非洲作家和英语》（"The African Writer and the English Language"）中，阿切贝指出他的英语是"一种全新的英语，与祖国紧密相连，不断发展变化，能够适应今日非洲"。也就是带有伊博族色彩的英语。然而，在恩古吉看来，这种观点站不住脚。他认为索因卡和阿切贝尽管是非洲作家，却受到了欧洲殖民主义影响，疏远了自己民族的语言。他们像穿着白大褂的外科医生，给笔下的非洲人物移植了说外语的舌头。

恩古吉很早就意识到了语言政治的存在。1952 年，成千上万被夺去财产的基库尤人发起了对殖民统治的反抗。那时，恩古吉十四岁，正在上学。这场肯尼亚最大民族掀起的暴力反抗运动让英国当局十分恐慌，英国随即宣布进入紧急状态。肯尼亚全国所有从事学校教育的民族主义者都被亲英者所取

---

① 约鲁巴人是西非主要民族之一，主要分布在尼日利亚西南部的萨赫勒草原与热带雨林地带，是尼日利亚三大主要民族之一。——译者注
② 伊博族是非洲主要民族之一，主要分布在尼日利亚中南及东南部。——译者注

代。突然的变化导致恩古吉以及其他从事采茶工作的农村孩子失去了以民族语言接受教育的机会。学生们学习的不再是传统歌曲，而是《鲁滨孙漂流记》（*Robinson Crusoe*）；他们没有机会围着篝火听故事，而是研读莎士比亚的作品。恩古吉的基库尤语作文原本是他老师的骄傲，他却目睹自己的同学因使用基库尤语而被惩罚。他们会被竿子打或被挂上写着"我是笨蛋"或"我是蠢驴"的牌子。恩古吉运气很好又意志坚定，学业一直十分优秀。尽管有些意外，恩古吉很快在英语书中找到了慰藉。通过学习、运用英语，他获得了多个奖项，并于 1964 年获奖学金前往英国利兹大学（University of Leeds）留学。

　　恩古吉接完电话回来后，我没有告诉他我非常喜欢他早期的作品《孩子，你别哭》（*Weep Not, Child*）、《大河两岸》（*The River Between*）和《一粒麦种》（*A Grain of Wheat*），这三部作品最初被收录在 20 世纪 60 年代海尼曼出版社的非洲作家系列中。我没有告诉他《大河两岸》的开头看似简单却触动人心，我无论读多少次都会被打动。

　　　　两座山脉比肩而立。一座叫卡麦诺（Kameno），另一座叫马库尤（Makuyu）。中间是一座山谷，叫生命之谷。卡麦诺和马库尤之后是更多的山脉和山谷。它们的分布没有什么可辨的章法。这些山脉像沉睡不醒的雄狮。

它们酣然熟睡，做着造物主编制的美梦。

我没有告诉他的原因是恩古吉后来把这些作品——他在利兹用英语创作、用儿时的名字詹姆斯·恩古吉（James Ngũgĩ）发表的作品——称为他的"非洲-撒克逊小说"，恩古吉认为这些英语小说与他后期的基库尤语作品相比不够地道，因此刻意与它们保持距离。对于恩古吉来说，在监狱中用基库尤语写作是独立自主的象征。他认为基库尤语不仅是把他和性格形成的关键时期联系起来的声音和故事，而且更能将他与肯尼亚说英语的精英阶层区分开来。他的举动很勇敢（他常常和守卫争夺写满文字的厕纸），也很有说服力。然而，我不认同恩古吉对自己早期作品的不屑，以及对英语和非洲的关系的看法。

"你在 20 世纪 70 年代创作了你的第一部，也是世界上第一部基库尤语小说。但是，从那时到现在，英语和非洲的关系在不断变化，不是吗？奇马曼达·南戈齐·阿迪奇（Chimamanda Ngozi Adichie）和克里斯·阿巴尼（Chris Abani）等没有经历过殖民时代的非洲作家完全习惯用英语写作，你对他们的发展有什么看法呢？"

（我是故意提起阿巴尼的。我们曾在一个美国的作家活动上见过面，讨论过"语言的问题"。阿巴尼在尼日利亚长大。父亲是伊博人，母亲是英国人。因此，用英语写作对于他来说就是用母语写作。他的英语作品被同样使用英语的尼日利亚政府视为异见文章，作家本人十八岁时更因此被囚禁并被判死刑。他两年后获释，如获新生。但阿巴尼从未想过用伊博语写作；他说，那样会显得很刻意。）

恩古吉说："这些作家继承了一笔遗产。他们应该做出自己的贡献。他们有责任保护它。"

我听出了恩古吉的言外之意，他提到的"遗产"有两层含义。第一层带有后殖民色彩，要求非洲作家用自己手中的笔证明第三世界并不等于三流，非洲语言和欧洲语言一样丰富、复杂而精妙。第二层意思是传承，他相信语言是集体记忆的自然结晶，一种存在及认识世界的独特方式。

"有整整一代非洲年轻人不会说他们的非洲母语，不过这并不是他们的错。你可能会说'英语和法语就是他们的母语'。不，英语不是非洲语言。法语也不是非洲语言。不会说不是他们的错，但已成现实。应该对生来就说英语的非洲人说些什么呢？我会说，如果你出生在一个说英语的家庭，你没有理由不在学校学习一门非洲语言。斯瓦希里语、基库尤语、伊博语、约鲁巴语，这些都可以。然后利用你懂英语的优势把英文作品翻译成非洲语言。"

恩古吉对"非洲母语"和"非洲语言"的看法有本土文化保护主义的色彩。这种看法让我有些不自在地想起了英国发生的有关路牌的争议：在一些大量移民聚居的地区，当地政务委员会在路牌上标注波兰语、旁遮普语（Punjabi）[1]等其他语言。反对者宣称波兰语和旁遮普语不是英国的语言。他们相信这种理由是成立的。然而，从语言学的角度看，"非洲语言""英国语言"之类的名词毫无意义。它们成为个人意见的载体，不同的人对其内涵有不同的定义。我想每个非洲人对什么是非洲语言都有自己的看法，恩古吉将英语和法语排除在外。这么想不算离谱。但是，我发现支配恩古吉看法的不是他的个人想法，而且往往是自相矛盾的。比如，在他看来，斯瓦希里语——一门广为流传的，受到阿拉伯语、波斯语和葡萄牙语影响的班图（Bantu）[2]通用语——是非洲语言吗？

"是的。"

"阿拉伯语呢？"

"是的。"

"南非语？"

他犹豫了一下，回答道："是的。"

我希望引导他发现自己逻辑的不严密之处。但他只是解释南非有很多贫穷的黑人孩子说南非语。我没有再逼他。他拿着刀叉的手已经悬浮在剩下的鹅肝上半天没有动过了。

---

① 旁遮普语主要流通于印度的旁遮普邦和巴基斯坦的旁遮普省。——译者注
② 班图是撒哈拉以南，非洲中部、东部至非洲南部三百到六百个非洲族裔的统称。他们承袭共同的班图语言体系和文化。——译者注

恩古吉的思想可以追溯到 20 世纪 60 年代中晚期，他在利兹读研究生的日子。1962 年，恩古吉曾在一篇刊登在肯尼亚的《国家周报》（*Sunday Nation*）上的评论文章中写道："我已经厌倦对'非洲文化'的讨论，我厌倦讨论'非洲社会主义'……不愿在评价任何事物前，都先在其中寻找某种'非洲色彩'。"但他已经不是那个年轻作者了。那是他来利兹之前的看法。后来，三十岁的恩古吉——以大学教授的身份回到首都内罗毕的大学——提出解散英语系，成立非洲文学语言学院。他宣布放弃少年时期的新教信仰以及出版早期作品时曾使用过的"詹姆斯"一名。此后，他的作品逐渐变得黑暗且好说教起来。

在 1985 年的论文《论用基库尤语写作》（*On Writing in Kikuyu*）中，恩古吉描述了他被捕前进行的活动：1977 年他花了六个月时间在卡米里苏（Kamiriithu）协助当地村民排演了一出《我有婚姻自由》（*Ngaahika Ndeenda*）的戏剧，该剧讲述了勇敢的基库尤农民反抗贪婪的帝国主义者的剥削的故事。为了贯彻他的集体主义思想，他希望集合众人的力量。村民们很乐意纠正他使用基库尤语时所犯的各种错误："你们这些大学教授，到底都学了些什么？"

"我对语言有了全新的认识。"恩古吉承认道。但他非常骄傲，也有充分的理由感到骄傲：这个参与式戏剧（participatory theatre）项目成果丰硕。很多村民学会了读写。有些——因为找到了自己的价值，有机会运用自己的智慧——酒喝得少了。因此这个项目一定程度上缓解了困扰很多肯尼亚村庄村民的酗酒问题。还有些村民发现了自己的表演天赋或其他险些永远被埋没的才华。项目非常受欢迎，排练时就吸引了大量的观众。几百名甚至上千名观众从附近的村落赶来，坐在户外——聆听、大叫、鼓掌、大笑、喝倒彩。这样的影响力足以引起政府部门的注意。恩古吉因此成为政府高层的眼中钉。

这个项目很快被禁；乡村剧团被解散，排演场地被破坏。1977 年 12 月 30 日晚上，武警带着逮捕许可证穿过玉米地和鸡舍，路过被拴着的山羊，闯进了利穆鲁唯一有电话的人家。

当局希望通过囚禁恩古吉让他不再发声，却弄巧成拙，让他成为风云人物。在伦敦，泛非作家和记者协会（Pan African Association of Writers and Journalists）的成员聚集在肯尼亚使馆前，高举写着"释放恩古吉"的牌子。

令人吃惊的是，被释放之后，恩古吉获得了发表小说的许可。也许当局希望平息囚禁恩古吉在国际社会上引起的轩然大波。不过，真实的原因也可能没有这么复杂——只习惯用英语和斯瓦希里语阅读的审查员或许无法审核基库尤语作品。也许从这部作品第一版的封面——上面有一幅描绘一个大腹便便的白人被吊在一个钉满美元的十字架上的卡通画——判断，政府认为这部作品只是一部反帝国主义的小书而已。

　　无论当局出于什么理由批准这部小说出版，他们都低估了基库尤人对基库尤语作品的兴趣。这部作品讲述了一位年轻农村女孩对抗肯尼亚肮脏的外汇腐败的故事，一时间非常受欢迎。在一篇文章中，恩古吉提到识字的人会把这本书读给他们的邻居听，听众全神贯注。他还写道，在酒吧里，人们会把自己喜欢的篇章读给在场的酒友们听，直到口干舌燥或酒杯见底——因为被书中的悬念所吸引，听众会给朗诵者再买一杯啤酒，让他继续读下去。

　　和恩古吉的大部分国际读者一样，我不会基库尤语，只能读恩古吉自己翻译的这部作品的英文版［此外，这部作品还被翻译成了斯瓦希里语、德语、瑞典语和泰卢固语（Telugu）①，其中泰卢固语版本是活动家兼诗人瓦拉瓦拉·拉奥（Varavara Rao）在狱中翻译的］。因此，我请他教我几个书中出现的基库尤语词汇。他看我拿出了笔和纸，随即俯身从我手中将它们直接夺走——动作极快，好像拿回自己的东西一样，吓了我一跳。"kana，婴儿。"他一边说，一边用我的笔在纸上写道。这个词在不同的使用场景中，也可以表示"第四""否认""如果"或"或者"。他说 Turungi 是一个典型的基库尤语词汇，是茶的意思。Kabiaru 也是"典型的基库尤

①　泰卢固语是印度安得拉邦（Andhra Pradesh）及周边地区的泰卢固人的语言，属于达罗毗荼语系(Dravida)，是印度政府认可的六大传统印度语言之一。——译者注

语词汇",是咖啡的意思。肯尼亚是重要的茶叶和咖啡产地,因此,我相信这些词对于基库尤人来说一定有独特的社会和文化内涵。但即便确实如此,恩古吉继续解释道,这两个词也是来源于英语: turungi 来自 true tea（真茶）和 strong tea（浓茶）; kabiaru 来自 coffee alone（纯咖啡）, 指不加牛奶的黑咖啡。

[后来,在基库尤语学者的帮助下,我发现恩古吉在他的基库尤语作品——戏剧、小说和儿童文学中,使用了很多来自英语的词汇: pawa（力量,来自 power）、hithituri（历史,来自 history）、thayathi（科学,来自 science）、baní（有趣,来自 funny）、ngirini（绿色,来自 green）、túimanjini（让我们想象,来自 let's imagine）、athimairíte（微笑的时候,来自 while smiling）、riyunioni ya bamiri（家庭聚会,来自 family reunion）、bathi thibeco（特别通行证,来自 special pass）以及manĩnja wa bengi（银行经理,来自 bank manager）。而且,大量使用此类词语的行为引起了不少基库尤语批评家的反感。比如,基库尤语明明有 kamuhuko 一词,为什么要用 handimbagi（手提包,来自 handbag）呢? 基库尤语有 kibuu,为什么要用ngiree（灰色,来自 grey）呢?]

英语影响了基库尤语（正如法语一直在影响英语,阿拉伯语影响了斯瓦希里语一样）。因此,我认为历史的复杂性和多面性决定了很多语言政治涉及的对语言的两极化解读——

非洲语和欧洲语、原住民语言和帝国主义语言、黑人语言和白人语言、穷人语言和富人语言——是片面的。维多利亚时代的英国殖民者将很多基库尤人逐出了自己的土地和家园；说英语的殖民政府警察对争取平等权利的非洲人怒吼、开枪。殖民者犯下种种暴行。殖民主义世界观毫无根据且愚蠢至极，这一点不容置辩。但即便是在最不堪的情形下，说不同语言的人们也可能在小处展现人道精神。肯尼亚出生的古生物学家 L. S. B. 利克（L. S. B. Leake）——他的基库尤语也很流利——用英语完成了他的巨著《1903 年以前的南部基库尤人》（*The Southern Kikuyu Before 1903*）。这部作品长达一千四百页，赞美了基库尤人社会、文化及语言的丰富。其中一节列出了四百多种植物的传统名称，另一部分则精确记录了描述山羊、水牛和绵羊身上不同颜色和纹路的词汇。这位说英语的开明英国人记录基库尤语的拼写，出版基库尤语字典和语法书，并建造学校。尽管使用英语并非完全出于自愿，但对于非洲人来说，英语也是实现伟大抱负的工具。20 世纪 20 年代，有教育家提出取消英语课程，转而教授基库尤语、卢希亚语（Luhya）[①]或罗语（Luo）[②]，该提议遭到了很多家长的反对；他们知道，英语是潜在的杠杆，是通往广阔世界的大门。

---

① 卢希亚语是卢希亚族的语言，卢希亚族是居住在肯尼亚的班图人的一个族群。——译者注
② 罗语是罗族的语言，罗族指居住在非洲尼罗河流域的几个种族和语言相似的族群。——译者注

恩古吉自己的孩子——其中好几人都从事写作——他们也是这样看待英语的。这是我在交流接近尾声时——年轻的服务员来收拾我们的盘子的时候——所了解到的。我问恩古吉，他的孩子对他的观念有什么看法。他没说话，而是又拿起了我的笔和笔记本开始写字。他在他的儿子和女儿的名字旁写下了他们各自作品的名字:《狂热内罗毕》(*Nairobi Heat*)、《圣徒的堕落》(*The Fall of Saints*)、《城市谋杀案》(*City Murders*) 和《爱与绝望》(*Of Love and Despair*)。都是英文的。他的儿子马科马（Mūkoma），《狂热内罗毕》的作者，目前是康奈尔大学英语系的一名助理教授。作为父亲，恩古吉感到失望吗?

他并不失望。至少他是这么说的。他耸了耸肩。孩子就是孩子。

但是，哪怕他的孩子想要用基库尤语写作——就像刚果的皮乌斯·恩甘杜·恩卡沙马（Pius Ngandu Nkashama）和塞内加尔的布巴卡尔·鲍里斯·迪奥普（Boubacar Boris Diop）等说法语的作家也用奇卢伯语（Tshiluba）[1] 和沃洛夫语（Wolof）[2] 写作一样——他们也必须面对文化、技术、经济等方面的障碍。用原住民语言写作的作家都难以养家糊口。

---

[1]　奇卢伯语是刚果民主共和国的主要语言之一。——译者注
[2]　沃洛夫语是沃洛夫人的民族语言。沃洛夫人是主要居住在塞内加尔的西非黑人民族。——译者注

肯尼亚通讯社 2014 年 7 月 30 日的报道称：

> 肯尼亚等发展中国家十分缺乏阅读材料……基安布
> 县（Kiambu County）……没有公立图书馆满足人们对阅
> 读的需求，这似乎也导致了该地区阅读氛围不佳……在
> 美国，五岁的孩子就会接触图书馆，而在非洲，大学生
> 可能都没有进过图书馆，或对图书馆‘过敏’。

在我和恩古吉见面前几周，又有新闻机构发表了一篇文
章《书店门可罗雀》（"Few Customers in Bookshops"）。

但是恩古吉对基库尤语及其他非洲语言文学的未来持谨
慎乐观态度。他有理由怀抱希望。每年评选一次的马巴迪－康
奈尔斯瓦希里非洲文学奖（Mabati-Cornell Kiswahili Prize for
African Literature）就是理由之一，该奖项 2014 年创立，奖
励斯瓦希里语的原创作品，恩古吉的儿子马科马是创始人之
一。更能带来希望的是翻译。2015 年 2 月，尼日利亚出版
社卡萨瓦共和国（Cassava Republic）推出了《情人节选集》
（*Valentine's Day Anthology*）——一部可下载的、著名非洲作
家的短篇爱情小说选集。每个故事都从英语翻译成了一种原
住民语言，如克佩列语（Kpelle）[1]、斯瓦希里语、约鲁巴语、

---

[1] 克佩列语是克佩列人的语言，克佩列人是利比亚最大的民族。——译者注

伊博语和豪萨语（Hausa）[1]。卡萨瓦共和国并不是唯一这么做的出版社。塞内加尔的全新出版品牌赛图（Ceytu）最近将诺贝尔奖得主、法籍毛里求斯作家 J. M. G. 勒克莱齐奥（J. M. G. Le Clézio）的小说《非洲人》（*The African*）翻译成了沃洛夫语。

恩古吉的同事在酒店等他。离开之前，我请他再教我一个基库尤语单词，人人都应该知道的那种。他在我的笔记本上用一贯坚定优雅的笔迹写下了一个他四十年前坐牢时曾写在厕纸上的单词：thayũ。

和平。

---

[1]　豪萨语是一门在西非被广泛使用的语言。——译者注

第 8 章　冰岛姓名

　　约翰内斯·比亚德尼·西格特吕格松（Jóhannes Bjarni Sigtryggsson）必须决定"克莱奥帕特拉（Cleopatra）"是不是冰岛人名。他知道这不是一个随意的决定：这将决定一对夫妻刚刚出生的女儿未来对自己的认知。约翰内斯也不用独自做这个决定。在位于冰岛首都的国家注册局（National Registry）的一幢三层建筑里，他和一位资深法律讲师及一位冰岛研究领域的学者共处一室。他们三人，每月见面一次，构成了冰岛的人名委员会（Mannanafnanefnd），该组织旨在维护冰岛在给婴儿取名方面的古老传统。每个月都会有父母或准父母向委员会提交姓名申请，一个月可能有六个、八个或者十个申请（申请人还需附上一张三千克朗，约合二十三英镑的支票）。一般，提交的名字中有二分之一到三分之二会得到委员会的批准，并被总名册收录。目前，总名册共收录 1888 个男子名和 1991 个女子名。委员会的工作没有穷尽：父母们创意无限，大家都希望找到更幸运的名字，这样一来，已有的几千个名字似乎总是不够用。在一个全是约纳（Jón）、古德（Guðrún）和黑尔佳（Helga）的国度里，班比（Bambi）、马西比尔（Marzibil）和索纳塔（Sónata）之类的名字更容易为人喜爱、被人记住。但有时父母们会过度创新。遇到这种情况，约翰内斯便不得不驳回申请，要求申请人重新取名，并注意不要违反委员会必须执行的规则。2016 年 5 月，委员会就是这样回复提交"克莱奥帕特拉"的夫妇的。这个名字被驳回的理由是冰岛语中没有 C 这个字母。

冰岛是世界上第一个赋予女性投票权的欧洲国家，是最早允许同性婚姻的国家之一，也是世上唯一政府由女同性恋者领导的国家——但在语言方面，冰岛极为保守。人名——很多来自古老的传说，可能是名词、动词或形容词，讲述着冰岛人的祖先们共同对抗严酷漫长的冬日的故事（Eldjárn，意为火钩；Glóbjört，意为明亮地闪烁）——被视为语言的延伸、冰岛国家遗产的一部分。因此冰岛人像英国人保护自己的城堡一样保护自己的名字：和英国的古建筑一样，冰岛的人名被一一登记在案；四年换届一次的人名委员会像遗产委员会一样负责管理、监督和裁定。

现在这一届委员会是 2014 年任命的。当时四十一岁的约翰内斯还很年轻，但他的资历无懈可击。他有冰岛语语法方面的博士学位。写过很多有深度的论文（在一篇文章中，他归类了十五种连字符：连接复合词或文字中数字的连字符、表达犹豫的连字符以及连接发音的连字符等）。不过最重要的因素可能是他拥有完美的名字。约翰内斯·比亚德尼·西格特吕格松，一个传承了家族历史的名字。他的外祖父叫约翰内斯·比亚德尼（Jóhannes Bjarni）不是位普通老爷爷，而是一位著名的儿童诗歌作家；和很多冰岛长子一样，约翰内斯继承了祖父（从黑白照片来看，他和祖父长得是有几分相似，他的灰褐色短发和圆眼镜是他对祖父外表的模仿）的名字。诗人的女儿索拉（Þóra）嫁给了一个叫西格特吕格（Sigtryggur）的人，也就是约翰内斯的父亲。约翰内斯·比亚德尼·西格特吕格松就是约翰内斯的外孙，西格特吕格的儿子。

约翰内斯已婚并育有三个儿子。他和妻子为人父母之后，在起名时恪守传统。他们的大儿子随外祖父名叫格维兹门迪尔（Guðmundur）；二儿子的名字西格特吕格则是对约翰内斯父亲的纪念。祖父的名字用完之后，约翰内斯给小儿子取名为埃斯泰因（Eysteinn），这个名字来自埃斯泰因·奥斯格里姆松（Eysteinn Ásgrímsson）——一位因用纯粹的冰岛语写作而闻名的 14 世纪修道士和诗人。

"纯粹的"冰岛语？这个概念可能会让游客感到有些意外。因为，在他们眼中，冰岛就是小精灵和名字念不出来的火山。对于像我这样对冰岛有一定了解的外国人来说——我认识来自各行各业的冰岛人，对于冰岛的语言和地貌也很熟悉——这不仅意外，还很奇怪。很多冰岛人喜欢别出心裁地运用语言，并未将现有的冰岛语奉为准则。和随和的澳大利亚人［一个更大、更热的岛屿的居民，相较于英国人和美国人更喜欢简化一些常用的名词。如将 relative（亲戚）简化成 relly，utility vehicle（工程车）简化成 ute，ambulance（救护车）简化成 ambo］一样，冰岛人也喜欢简化较长的单词：afmæli（生日）被简化成了 ammó，fyrramálið（明天早晨）则变成了 fyrró。如果想买很受欢迎的《晨报》（*Morgunblaðið*），读者会跟报刊亭的人说来一份 Mogga。名字也是一样。在冰岛，大家都以简化的名字互相称呼。如果一个女孩叫古德——冰岛最受欢迎的女子名——任何人认识她五分钟之后就可以叫她古德了。在电话簿中，条目也是按照名字排列的［先是约翰内斯·比亚德尼·埃德瓦尔松（Jóhannes Bjarni Eðvarðsson），石匠，然后是约翰内斯·比亚德尼·约翰内松（Jóhannes Bjarni Jóhannesson），工程师，再往后是约翰内斯·比亚德尼·西格特吕格松，冰岛语专家］。但是，对于古德的家人和亲近的朋友来说，古德（意为"神之神秘"）太正式了：哥哥叫她"古拉（Gurra）"，发小叫她"古娜（Gunna）"，姑姑叫她"露娜（Rúna）"，姨妈则叫她"杜娜（Dunna）"。如果古娜或杜娜来自北部村庄或韦斯特曼纳埃亚尔（Vestmannaeyjar）——南海岸外的一片群岛——又恰好个子不高，人们就会叫她"小古娜（Gunna lilla）"。如果她很瘦，就会被称为"缝衣针杜娜（Dunna stoppnál）"。如果她在厨房工作，常常卷着袖子干活，村民们可能会叫她"无袖古娜（Gunna ermalausa）"。此外，我们的委员会成员约翰内斯的名字不能随便简写成"约亚（Jói）"；他也不怎么喜欢被人称为"汉内斯（Hannes）"；更是完全无法接受"字典约亚（Jói orðabók）"或"不不汉内斯（Hannes nei nei）"。他就叫约翰内斯。

　　约翰内斯很安静，喜欢玩字谜，是这个食肉者甚多的国度中为数不多的素食主义者之一。他连一只苍蝇都不忍心拍死。因此，如果有怒气冲冲的父母写信投诉委员会的决定，约翰内斯会感到十分难过。他想对投诉人说："不好意思。规则不是我制定的。"为了避免违规，他不得不否决一些名字。约翰内斯说得没错。规则不是他制定的，这些条文在他祖父的年代就已经存在了。语言纯粹主义在冰岛的历史漫长而复杂。随着时间的推移，其形式不断变化。中世纪的冰岛读者赞美埃斯泰因·奥斯格里姆松（Eysteinn Ásgrímsson）的作品的纯粹时，说的是它路德会①式的朴素风格和不带强烈感情色彩的简洁语句。如今，如果学者表扬某人的口头或书面语言"纯粹"，他们的意思是此人说冰岛语时，不混杂外来词汇、

---

① 路德会为基督教新教宗派之一，源自 16 世纪德国神学家马丁·路德为革新天主教会发起的宗教改革运动。——译者注

发音和字母（比如克莱奥帕特拉中的 C）。想要理解现代形式下的冰岛语言纯粹主义——其严格的规则和排外的特性——需要回顾 19 世纪早期发生的一些事件。

　　19 世纪早期的年轻冰岛作家受到了浪漫主义的影响：他们对于冰岛语历史的理解也是怀抱浪漫主义的。在他们看来，冰岛语就像一位曾经风姿绰约但如今已病入膏肓的女子，被低地德语、拉丁语和丹麦语外来词所拖累。尤其是丹麦语，这门殖民者的语言削弱了冰岛语。这些作家在他们的作品中表示希望帮助冰岛语恢复健康。他们嘲讽丹麦语的发音——哥本哈根人说话的方式；赞美冰岛偏远山村里饱经风霜的老农，他们说这些老农一点丹麦语也不懂。很快，原本仅表达对丹麦一国的不满的"丹麦做派"一词被赋予了多重含义：赶时髦在说话时加入巴黎的沙龙语言、背弃祖国和装腔作势都是"丹麦做派"。在冰岛首都雷克雅未克（Reykjavík）说冰岛语时，要抵抗夹杂时尚的、听起来像法语的丹麦语的诱惑，要像一个诚实正直的人，真诚自然地说出来。

　　作家们相信冰岛需要一位自豪地用冰岛语写作的现代民族诗人——德国有歌德（Goethe），法国有莫里哀（Molière）[1]，英国有莎士比亚。他们从自己身边推举了一位年轻的博物学家约纳斯·哈德格里姆松（Jónas Hallgrímsson）。从没有人能

---

[1]　莫里哀（1622—1673）是 17 世纪法国的喜剧作家、演员和戏剧活动家。

像他一样将冰岛的动物和植物描写得如此优美，又精准地捕捉到小农场主日常生活中的种种讽刺。

Hví svo þrúðgu þú

þokuhlassi,

súlda norn!

um sveitir ekur?

Þjér mun eg offra,

til árbóta

kú og konu

og kristindómi.

（细雨女神，

驾着你的

大雾马车

离开我的田野吧！

给我一点阳光

我将会献上

我的奶牛 —— 或者爱人 ——

我的信仰！）

而且，这位自然学家很擅长在现有冰岛语词汇的基础上创造新词汇，他不借用外来词汇，让想插一脚的法语、希腊语和丹麦语无机可乘。他为冰岛语创造了几百个新词汇，如Aðdráttarafl（磁力，字面含义为吸引力）、fjaðurmagnaður（柔软的，字面含义为经得起拉伸的）、hitabelti（热带，字面含义为炎热地带）和 sjónarhorn（立场，字面含义为视角）。1845 年，年仅三十八岁的哈德格里姆松不幸去世，他天真的田园想象——将冰岛人视为聪慧的农民市民的看法——就此被固化。

　　冰岛语是自给自足的：反对丹麦统治、追求冰岛独立的民族主义者大声疾呼。诗歌被拖入了政治的泥潭。1918 年，冰岛独立。但哈德格里姆松的天真看法仍然在影响着冰岛。根除冰岛语中的外来元素的全国性运动越发热火朝天，以至于政府会不时地教普通民众如何区分冰岛语、丹麦语以及其他语言的词汇。报纸明确地告诫读者，听 tónlist（音乐，字面含义是音调的艺术），而不是 músík。淋浴应该用 steypibað（字面含义是把水倒在身上清洁），而不是 sturta。丹麦语中形容某物或某人有品位的 smart 一词被 smekklegt 所取代。科学技术的发展让世界各国之间的联系更加紧密。纯粹主义运动也随之不断升级。有人专门从事造词工作。20 世纪 60 年代起，来自全国各所大学的学者会定期碰头，探讨如何合理地进行这项工作（这些会议的会议纪要，和人名委员会的一样，目前由约翰内斯负责）。他们还会对媒体进行监督，确保自己新造的冰岛语词汇不被外语（近期主要是英语）词汇替代。电视和广播主播如果不说冰岛语的 jafningjaþrýstingur（同辈压力），而是使用英语词 peer-pressure，就会受到批评。

浪漫主义者希望让冰岛人不再因渴望证明自己而焦虑，想要清理语言标准，只保留自然出现在大脑中和舌尖上的语音和词汇，但他们的努力适得其反。哈德格里姆松和他的田园想象塑造了理想冰岛语使用者的形象，创造了全新的语言学标准，对冰岛人的观念造成了深远的影响。占冰岛总人口的三分之二的——远离乡村的首都居民一旦意识到自己引用了一部美国电影或一首英国流行歌曲中的语言，就会感到局促不安。有些人经历了一场语言危机，渴望用最好、最地道、最纯粹的冰岛语（存在于偏远乡村的冰岛语）与人沟通。1998 年出版的、备受欢迎的获奖小说《好冰岛人》（*Góðir Íslendingar*）讲述了一个居住在雷克雅未克的孤独年轻人发现了一种说话方式的高贵和品格的高贵，这种高贵存在于偏远地区的乡下人身上。这本书是这样描述这种渴望的（以下节选是我翻译的）：

> 据说海立（Hali，冰岛东南部一个小农业社区）人说的冰岛语是目前全国最地道的。走进冰岛语的圣殿时，我充满钦佩……女子走向炉子，用一个大锅煮水做咖啡……我告诉她我听说这里的人说的是全国最美的冰岛

语，女子从厨房回答："我不知道。我们这里说东斯卡夫塔山县（East-Skaftafell）①方言……有其他人来过，他们说赫斯特格迪（Hestgirði）人说的才是最正宗的。"……我突然开始在意自己的语言，说每句话之前都先在脑中预演三遍。

"全国最好的冰岛语"——然而叙述者判断的根据并不是美学，而且假想。他并没有听到所谓的"最纯粹的"方言，但这并不重要。叙述者、创造它的作者和阅读这部作品的读者为纯粹冰岛语的概念而自豪；他们对自己每天使用的冰岛语缺乏自信。两种冰岛语就这样共同存在着。

这段历史仍在影响现在的冰岛，约翰内斯和他在人名委员会的同事做出的决定有时会成为新闻。常有《曼纽尔和托比通过，迪莉娅被否决》（*Manuel and Tobbi get the green light, but not Dyljá*）或《英格威尔杜尔获许但斯旺希尔迪被拒》（*Yngveldur is allowed but Swanhildi is banned*）之类的新闻标题见诸报端。前者于 2016 年 5 月发表，提到了委员会对来自移民家庭的四个孩子的名字进行调整："佩塔尔（Petar）的儿子现在叫彼德松（Pétursson），乔奥（Joao）的女儿叫约

---

① 东斯卡夫塔山县位于冰岛东部。——译者注

恩斯多蒂尔（Jónsdóttir），泽莫纳尔（Szymonar）的儿子叫西莫纳松（Símonarson），理夏德（Ryszard）的女儿叫里哈德斯多蒂尔（Ríkharðsdóttir）。"此前一个月，男子名乌格鲁斯佩吉尔（Ugluspegill，字面含义为"猫头鹰镜子"）出人意料地获得委员会许可的消息被广泛报道——这个名字来自中世纪德国民间传说中的一个恶作剧者。"尽管这个名字在冰岛语中可能有负面含义，"委员会在报道中承认道，"但大众对此知之甚少，其含义也并非严重消极或不敬。"委员会总结道："此名在未来可能会让使用者感到难堪——这样轻微且不确定的风险——这不足以成为将其驳回的理由。因此我们暂且推定其可用。"

这些报道助长了一部分人对委员会的不满，这种不满在冰岛国内已经存在一段时间了。约翰内斯常常听说有公众人物希望解散委员会，让冰岛人拥有自由地给儿女取名的权利，但他总是摇头表示怀疑。他想到他的同事阿古斯塔（Ágústa）听到类似言论时曾经说过："如果解散人名委员会，日后就会有用数字给孩子取名的父母，以及希望拥有十七个名字的人。"约翰内斯和他的同事最担心冰岛语语法。在冰岛语中，名词是分阴阳的。男子名相当于阳性名词，女子名相当于的阴性名词。遇上茨维（Tzvi）、齐拉克（Qillaq）、卡格里（Çağrı）之类的名字，要如何确定变形呢？移民父母给儿子取的名字在冰岛语中如果是阴性怎么办呢？约翰内斯勇敢面对挑战，但也很担忧。

他有理由担心。2012 年，一位青少年的父母向法院起诉，要求撤销委员会很久以前的一项决议。约翰内斯的前辈告知法庭他们只是遵循规则。他们解释了这个事件的来龙去脉。十五年前，人名委员会在国家注册局浏览邮件时，发现了一份牧师的洗礼文件。他们以为是牧师弄混了表格，于是给他打了电话。结果，牧师回复，不，他没有搞错。他在婴儿姓名那一栏填了"布莱尔（Blær）"，这不是笔误，这个女孩受洗时就取了这个名字。委员会拒绝了他的申请。他们表示自己不能破坏语法：布莱尔听起来很温柔，还是清风的意思，却是阳性的。用阳性名词称呼一个小女孩！他到底是怎么想的？牧师表示抱歉：这个名字很少见——冰岛全国一共只有五位男性叫布莱尔——因此他没有考虑周全。他尝试寻找折中方案，和孩子的父母沟通。他提议将"布莱尔"稍作调整，改成毫无争议的女子名布莱迪斯（Blædís），但孩子的父母坚决不同意。

女孩的母亲比约克·艾奥斯多蒂尔（Björk Eiðsdóttir）向法庭讲述了她的经历。她说她是在 1957 年哈尔多尔·拉克斯内斯（Halldór Laxness）备受欢迎的小说《会唱歌的鱼》（*Brekkukotsannáll*）中找到布莱尔这个名字的 [拉克斯内斯淘气、暴躁但极具天赋，是冰岛唯一的诺贝尔文学奖获得者。他原名哈尔多尔·古迪约松（Halldór Guðjónsson），年轻时自己改了名。作为一名作家，他不屑于讲究语言纯粹主义。在作品中经常按自己的想法改变单词的拼写：lengi（很长一段时间）会被他写成 leingi，svo sem（大约，大概）则变成了 sosum，他的拼法与单词的读音更加接近。拉克斯内斯的小说时常嘲讽纯粹主义者幼稚的浪漫主义，用讲述乡村贫苦或绵羊腹泻的故事破坏纯粹主义者们对开满鲜花的山谷的清新想象］。在拉克斯内斯的小说中，布莱尔是一个女性人物，这很符合拉克斯内斯特立独行的一贯风格；而比约克·艾奥斯多蒂尔读过小说之后决定如果日后有女儿，一定要给她取名布莱尔。1997 年，她的女儿出生并受洗。被牧师告知委员会不认可这个名字并将其驳回之后，她写信给首相和大主教申诉求情，但名字仍未获得许可。五年后，一家人去美国旅行；当时，比约克女儿的护照上的法定名是"女孩（Stúlka）"。这一切就像一场游戏。在官员面前，她就叫"女孩"，但父母、老师和同学都叫她布莱尔。母亲比约克还特地指出人们常常夸奖布莱尔的名字。如今布莱尔已经十五岁了。在不远的未来，她会结婚并把自己的名字传给子孙后代。因此，母女俩决定此时提起诉讼。

副检察长代表委员会做总结陈词时，承认和很多其他单词相比，布莱尔听起来是比较女性化。但即便如此，他表示，法庭必须"跨出一大步"，才能判定布莱尔同时适用于男性和女性。

布莱尔及其母亲的代理律师用精彩的论辩予以回击。他说鉴于此前已有女孩叫布莱尔的先例——有一个 1973 年出生的女孩就叫布莱尔·古德蒙德斯多蒂尔（Blær Guðmundsdóttir，她只比约翰内斯大几个月），她的名字已经被总名册收录——法庭只需要做出很小的让步。布莱尔·古德蒙德斯多蒂尔的母亲告诉委员会布莱尔一词可以发生阴性变形：如果一个叫布莱尔的女孩送你一份礼物，那礼物就来自布莱薇 [Blævi，如果是叫布莱尔的男性，则变成布莱（Blæ）]；如果你有一段时间没有见到布莱尔了，可以说你想念布莱瓦尔（Blævar）了 [如果你很久没见的朋友是男性，你想念的就是布默里（Blæs）]。冰岛语的语法，律师总结道，是可塑的。社会改变，冰岛语的语法也随之改变。

　　法庭准许了他们的请求。2013 年 1 月，法官不顾委员会的担忧，赋予了该女孩此后以布莱尔为名的权利。

　　社会在不断变化。一百年前未婚生子在冰岛很少见。如今，结婚后再生孩子的夫妇反而越来越少。一个人抚养孩子的冰岛母亲不会遭受非议。因此，越来越多的儿子会以母亲的名字作为姓。

　　冰岛语的语法也在不断改变。委员会过时只是时间问题。二十年、二十五年或三十年之后，会有一个年轻男孩在冰岛的峡湾、隘谷和冰川之间穿行。他的名字会是安东尼厄斯·克莱奥帕特松（Antónius Cleopötruson）。

第 9 章　死而复生的语言

　　马恩岛语（Manx）博物馆的工作人员非常热情，积极给予我帮助；我发邮件问询后几天不到他们就给我寄来了《马恩岛故事》（*Skeealyn Vannin*）。这是马恩岛语博物馆的镇馆之宝，其中的每个故事都是最后一批马恩岛语母语者讲述的，这些录音是七十年前录制的，随后先后储存在醋酸酯唱片和磁带上，如今又用数码技术重制，并配上文字和英文翻译。最终的故事集又大又厚、排版紧密，读起来并不轻松。配有 CD，体现了制作者的用心和投入。一小群复兴主义者为了这门濒临灭绝的语言付出了常人难以想象的努力。他们为这部故事集的每一个讲述者、每一页、每一段无偿付出了多少时间！多亏了他们，这些故事没有因死亡和马恩岛语多年来一直为大众所忽视的境遇而流失。它们完完整整地来到了我——一个旅居法国的英国人手上，装在一个皱巴巴的、盖着马恩岛首府道格拉斯（Douglas）邮戳的橙色信封中。我对这本书满怀敬意。它是复兴的希望，让这门语言不至于立即灭绝；但复兴真的可能实现吗？它的上方回荡着一首挽歌。在封面上的黑白照片中，戴着平顶帽的老人用似乎噙着泪水的双眼注视着我。

马恩岛（Mann，或 Isle of Man）是爱尔兰海（Irish Sea）上一个很小的岛屿，面积仅五百七十二平方千米，和关岛（Guam）差不多大。西面是爱尔兰，北面是苏格兰。南面是说凯尔特语（Celtic）的威尔士，不过和其他地方相比，威尔士离得比较远。凯尔特人公元 6 世纪左右在马恩岛定居。岛上风大、岩石多，长满了狗舌草（ragwort）；据说还有精灵。小精灵（mooinjer veggey，意为小人）是这座岛屿原来的主人，是他们用魔法召唤浓雾，保护了马恩岛不受罗马帝国侵害。

几百年间，历史的车轮匆匆滚过：天主教圣人、挪威强盗、英国贵族来来去去。马恩岛的语言被历史遗忘。岛上的岩石上只有如尼文，羊皮纸上只有拉丁文。马恩岛语的大叫和情话、呼叫和赞美、玩笑和戏弄像魔法迷雾一样在空气中出现又消失。宗教改革之后，当地神职人员才开始书面记录马恩岛语的祈祷文，把教区居民的语言转换成可读、可复制的书面文字。1707 年的双语小册子《基督教的原则和责任》（*The Principles and Duties of Christianity/Coyrle Sodjeh*）是马恩岛语首次被印刷。几年后，又出版了福音书（Gospels）

的马恩岛语版。教会出版马恩岛语读物并非想要提高马恩岛语的地位。马恩岛的宗教领袖，英国人托马斯·威尔逊（Thomas Wilson）认为说马恩岛语不符合他的主教身份。这些马恩岛语读物得以出版的真正原因是岛上的居民大多不懂英语。讲道坛上的英国牧师像从水中捞出的鱼一样不停地张口闭口，然而，信徒们只能努力解读他纤细的手指娴熟地做出的手势，除了偶尔出现的"阿门"和"耶稣"之外，对于信徒们来说，他只是在持续不断地发出低沉的噪声而已，这就是有些教区周日讲道的状况。1842 年，在一封给马恩岛副总督的信中，一群牧师写道："在岛上所有教区都有很多人只懂马恩岛语……在这里做神职工作，必须熟悉这门语言。"

当时岛民们的母语已经开始消亡，只有在偏远山村才能找到会说马恩岛语的人。第一位马恩岛语词典编纂人阿奇博尔德·克里金（Archibald Cregeen）在他的马恩岛语–英语词典的前言中说马恩岛语"正在衰败"：

> 我清楚地知道说马恩岛语的兄弟们一定乐于利用这部词典。有些人可能会嘲讽复兴一门衰败的语言的尝试。他们认为消灭马恩岛语、推广英语对马恩岛人大有益处，会谴责一切阻碍其灭亡的行动。

这些反对者大多聚集在马恩岛首府：他们说英语，对英国的一切来者不拒。多年来，他们一直人数稳定；聚集在城市，对乡村的影响极其有限。19 世纪，海水浴在世界各地流行起来。沙滩和带着咸味的微风突然成为商品。这两样东西在马恩岛从不稀缺。岛上说英语的访客开始急速增加。

　　圣人、强盗、贵族来过之后，马恩岛的旅游业（一个新词）逐渐兴旺了起来。游客的人数一开始是本地人的两倍，随后变成三倍、五倍、十倍。他们大多是来自英国北部纺织业发达城市的家庭。来马恩岛度假。聊个不停。很快，岛上的城镇因这些说英语的人而热闹了起来。不是岛上牧师说的、除了偶尔的"阿门"其余全像嗡嗡声的英语；游客们说的英语悦耳、温和，能给岛上居民带来赚钱的机会。穿着羊毛套衫的岛民们听到游客们说英语之后开始动摇。渐渐地，只要附近有游客，他们就开始说英语。就这样，马恩岛人逐渐疏远了自己的语言。

　　忘却马恩岛语无异于放弃马恩岛独特的文化宝藏。几百年来积累的知识和马恩岛人与生俱来的权利都被遗弃了。保健养生要用到马恩岛语。老祖母知道各种植物的马恩岛语名称，能用这些植物制成草药，治疗家人的气喘咳嗽、腿脚毛病和肠胃不适。马恩岛语让男孩子们有机会去海上冒险，也是岛民们谋生的重要手段。它通过种种亲密的表达，催生同志情谊，这种情感在农民和他养的动物之间也可能存在。"我年轻时对马和牛说马恩岛语。不说的话，狗是听不懂的。"J. T. 克拉克（J. T. Clarke）1872 年写道。这一切随着每一位马恩岛语者的去世逐渐远离日常生活，成为传说。

据 2011 年的调查显示，不到五十分之一的岛民约一千八百人声称懂马恩岛语。其中，能够用马恩岛语流利对话的，不过几十人，他们是最热忱的马恩岛语复兴者。这样的数据很不乐观；但是，在马恩岛语复兴者看来，这已经算得上振奋人心了。确实，相较于一两代人之前，情况已经好转很多了。20 世纪 40 年代，一百个人里都很难找到一个会说马恩岛语的，和那时相比，现在的状况已经好多了。马恩岛语复兴者们就是在这段黑暗的岁月中录下了最后一批马恩岛语母语者讲述的故事。

马恩岛语复兴者们成立马恩岛语协会（Yn Cheshaght Ghailckagh）。这些书生气的、抹着发油的年轻人利用周末时间在偏远的农场和村落寻找所剩不多的马恩岛语母语者。他们不放过每一条传闻，不忽略每一个名字。去茅草屋拜访；用马恩岛语与开门人对话，但时常很快用英语道歉。但有时——每一次都令人倍感安慰和喜悦——泥泞的田地对面或是岛上某个偏僻角落不起眼的小路尽头，住着满头白发、会说马恩岛语的老人。随后，青年们会拿出纸和笔，用问题引导受访人讲述他们的记忆：还记得上学时候的事情吗？过去五六十年间，村庄发生了什么变化？还记得这种蔬菜或鸟用马恩岛语怎么说吗？记得什么俗语吗？能用马恩岛语背诵主祷文①吗？年轻的马恩岛语复兴者们会定期拜访最友好的，也可能是最孤独的老人。有些人，为了每周与老人用马恩岛语对话几个小时，还会在老人的农场打工。就这样，马恩岛语复兴者们——未来这门语言的夜校老师——校准了发音，充实了词汇量，越来越熟练。

同时，他们也愈发焦虑；会说马恩岛语的人上了年纪，身体都已十分虚弱。很快马恩岛语复兴者将再也听不到母语马恩岛语者的话语。因此，他们开始录音，为了未来的学习者用唱片记录这些声音。很快，1948 年 4 月 22 日，一艘都柏林（Dublin）来的运牛船送来了一辆爱尔兰政府借给马恩岛的录音车。冲掉上面附着的粪便之后，青年们花了两周时间，开着车跑遍了马恩岛各地的众多村庄。

对失败的恐惧会爬上他们的心头。道路情况堪忧；滴滴答答，下个不停，春季多雨的天气让他们不得不几度中断行程；他们使用的十二英寸醋酸酯唱片（每一面可以录十五分钟）容易跳碟。但他们最担心的还是老人们脆弱的身体。这些耄耋老人的房子似乎都有了生命。有时炖锅里的水会自己煮沸。毛线针会跑到放餐具的抽屉里去。对话时，老人们也无法长时间集中注意力。对话断断续续。句子说到一半戛然而止，单词悬浮在半空中。几分钟之后才有回应。还有，他

---

① 主祷文是一段基督教祈祷经文，相传是耶稣教授的祈祷文。——译者注

们适应新技术吗？他们此前从未见过录音设备。有些人的房屋连电都没有（遇到这种情况，年轻人就会用录音车载着老人去有电的房子录制）。麦克风会让他们紧张吗？

金维希夫人（Mrs Kinvig）在麦克风面前就十分紧张。她年近八十，是一位体型娇小的佃农，每天都读马恩岛语《圣经》。她在马恩岛南部的小村庄罗纳格（Ronague）抚养了十个主要说英语的儿女。金维希夫人对周边的田野了如指掌。她知道村庄附近有个地方泼出的水会向上流。清楚在哪里可以看到并闻到开往首都的蒸汽火车。认识去卡斯尔敦（Castletown）的路——穿越潮湿的土地一直走到海边，步行需要一个小时左右（她年轻时是裁缝，每天早上都要走这条路）。她的马恩岛语属于 19 世纪，是在机缘巧合下学会的；她的父母会用马恩岛语谈论他们不希望女儿听懂的话题。上了年纪之后，金维希夫人在切芜菁和喂鸡的间隙，与比她年长十岁的金维希先生（Mr Kinvig）以及偶尔拜访的年轻马恩岛语复兴者用马恩岛语对话。后来，这些年轻人开着录音车前来拜访，请她重复一些此前讲过的故事时，金维希夫人却不愿开口了。麦克风很可怕。无论青年人和丈夫如何鼓励，她都闭口不言。不过最终她还是开口了——不知是因为疲惫还是难堪——背了几句赞美诗：

Dy hirveish Jee dy jeean,

Shoh'n raaue va currit dou,

Dy yannoo ellan veen,

Dy chiartagh ee son niau.

（当尽本分，

颂扬上帝，

拯救不灭灵魂，

使其升入天堂。）

　　马恩岛语复兴者们与马恩岛最年长的老爷爷——来自巴拉夫（Ballaugh）的、近一百岁的约翰·尼恩（John Kneen，事实上，他一直活到近一百一十岁）——见面时，收获颇丰。村里人都叫他铁匠（Yn Gaaue）。尼恩用关节扭曲如树瘤的手，扶着一根拐杖，大声回忆他钉马掌的日子："四个马掌两先令四便士（son daa skillin's kiare pingyn son y kiare crouyn.）"，当时北方有三十个铁匠，"钉子、螺丝都不用从英国买（cha row treiney, ny boult, ny red erbee cheet voish Sostyn.）"。为了给铁匠配一位对话搭档，青年们请来了另一位马恩岛本地人——曾做过工人的哈里·博伊德（Harry Boyde）；尽管做了一辈子邻居——两人的房子仅相距五英里——尼恩和博伊德以前却从未说过话。录音师给两人安排了座位，让他们与金维希夫人害怕的麦克风保持同样的距离，他们似乎十分投缘，用马恩岛语一聊就是几个小时。和青年们在一起时，尼恩的话总是很多；和博伊德对话时，他却成了认真的听众：用还能看见的那只眼睛注视着对方，将青筋暴露的手举到还能听见的那只耳朵边上，让博伊德尽情讲述自己的回忆，偶尔插一句"真的吗（Dy jarroo, ghooinney）？"或者"可不是吗（Nagh vel eh）？"。他们讨论肥料、朗姆酒和市场上发生的事情。他们说马恩岛人长期穿着靴子骑马，因此脚趾分得很开；说到骑马的人时大多用对方的职业代称："牧师（yn saggyrt）"或者"文员（yn cleragh）"。两位老人已经到了不会难为情的年纪，无拘无束地讲述着这些故事。他们回想自己漫长生命中情绪最为激动的时刻。再次健谈起来的尼恩若无其事地提起的一件往事令博伊德大跌眼镜，他说自己曾看到一群小精灵，也就是小人，日落时在草地上蹦跳嬉戏："大的像野兔（Va'n fer mooar gollrish mwaagh.）"。听到尼恩的声音后，小精灵们就受惊逃走了。

　　离开巴拉夫之后，青年们踏上了环岛之旅的最后一程。他们开车到马恩岛的最北角采访一对兄妹——约翰·汤姆·凯金（John Tom Kaighin）和安妮·尼尔（Annie Kneale）。一位马恩岛语复兴者在他的笔记中这样描述凯金："他已经看不见了，八十五岁，很活泼，嗓门很大。"凯金讲述的牧师和猪的故事体现了这种活泼。一天晚上，一位牧师来到了教区内一位老妇人的家中。他看到一只猪在厨房里吃装在锅里的食物。

老妇人请牧师就座，但牧师拒绝了，他要求老妇人先"把猪赶出去（cur y muc shen magh）"。老妇人装作没听见，又请牧师就座；牧师再次拒绝，猪则继续吃食。同样的对话又重复了好几次，最终，老妇人失去了耐心。"我不会把猪赶出去的（Cha jean mee cur y muc magh）！"她脱口而出，猪能给家庭带来收入，而牧师从来都只是收钱。

安妮·尼尔回忆起马恩岛语来没他哥哥那么容易。她偶尔会想不起来。用马恩岛语说话时显得很生疏。有时会干脆说英语——一个句子可能前半部分是马恩岛语，后半部分就变成了英语。但她并不灰心。青年们也一直给她打气。他们灵活地用不同的方式提问，不计较她犯的错误；寻找合适的词汇补充她含糊的答案。在青年们的帮助下，安妮逐渐描述出了不少生动的往事。儿时回忆：风变小的时候，村里人会说"它在聆听（T'eh geaishtagh）"；炉子上的粥沸腾时，安妮的母亲会说"它在低语（T'eh sonsheraght）"，"（从炉子上）拿下来吧，已经煮好了（T'eh sonsheraght, gow jeh eh. T'eh jeant nish）"。这些往事让我们得以一瞥一种已经消失的生活方式，那时连风和粥都说马恩岛语。

次年，安妮·尼尔去世。至此，世上仅剩八名说马恩岛语母语者。

我在巴黎温暖干燥的公寓里，用现代的 CD 播放器播放这些闪亮的 CD，这种距离感令人很难动感情。然而随着老人们的声音填满我的客厅，我被感动了。他们的声音很虚弱，但又蕴含着一种淘气的幽默。他们的话语会因为胡子的遮挡而模糊不清，会因为牙齿缺失而听起来像口哨声，却仍有独特的魅力。认真聆听时，我不止一次发现自己在默默跟读。

　　我一边听一边浏览对应的文字副本。那些单词让我想起了威尔士语动词打头的句子、让人不知怎么读才好的多辅音组合，以及强音和弱音的精妙平衡。我曾花整周时间去威尔士度假，因此熟悉威尔士语。我觉得威尔士的路牌移到马恩岛看起来也不会不协调，如 ysgol（学校）、canol y dref（城镇中心）、gyrrwch yn ddiogel（安全驾驶）。如果有人说艾斯特福德节（Eisteddfod）①是在马恩岛举办的，我也能差不多想象出来。

　　布赖恩·斯托厄尔（Brian Stowell）十六岁时在报纸上读到了马恩岛语濒临灭绝的报道。他和文章的作者，一位名叫道格拉斯·法格尔（Douglas Fargher）的年轻马恩岛语复兴者取得了联系，并加入了复兴马恩岛语的事业。十年之后的1964 年，两人开车沿着两侧长满金雀花的道路一路向南，去莎草谷（Glen Chass）录制最后一位健在的（而且还能说话

---

① 艾斯特福德节是威尔士的一个节日，有歌唱、音乐和诗歌比赛。——译者注

的）说马恩岛语者。

"我的马恩岛语老师就是 1948 年采访说马恩岛语者并录音的那些人。"布赖恩在电话中告诉我。这种传承对他很重要，是地道的证明，他严肃干脆地说。"我每周都和道格拉斯对话。他充满活力，在首府做水果进出口生意。每周末我都和他以及他的同事对话：周六说六个小时马恩岛语，周日说四到六个小时。到第二年复活节，我的马恩岛语已经很流利了。"

莎草谷是爱德华·"奈德"·马德雷尔（Edward 'Ned' Maddrell）的家乡，这位退休的渔民是 1948 年接受采访的说马恩岛语者中最年轻的。1964 年他八十七岁。在黑白照片以及颜色奇怪的拍立得——网上都可以找到——中，奈德·马德雷尔块头很大，肩膀很宽。一生从事体力劳动造就了他的体型，但他穿着入时——总是穿衬衫、打领带——人也很亲切。面色红润，神情镇静，仪表堂堂。马德雷尔由姑姥姥抚养长大，随后一直在海上漂泊，与外界接触相对较少，但他一生都说马恩岛语。他记得自己小的时候村里所有人都说马恩岛语。不会说马恩岛语的人很少，而且无异于聋哑人。他记得年纪很大的凯格恩夫人（Keggin）住在通往守日山（Cronk ny Arrey Laa）的一条道路旁边的茅草屋里，她完全不会说英语［牛津大学的凯尔特语教授约翰·里斯爵士（Sir John Rhys）认为她可能是世界上最后一个只会说马恩岛语的人]。凯格恩夫人每周通过会讲英语的奈德用鸡蛋跟旅行面包商人换面包。

马德雷尔并未因成为马恩岛语复兴运动的重要人物而变得高傲（不过，年轻的马恩岛语复兴者和语言学家对他十分关心，偶尔还有记者前来采访——他们中的有些人不惜远道而来——这一切确实为马德雷尔的晚年生活增色不少）。布赖恩记得马德雷尔非常郑重地欢迎他和他的同事，请他们进入一个当客厅用的大房间。布赖恩和同事带来了磁带——这在当时还是很新奇的东西——他们一边和坐在对面扶手椅上的马德雷尔对话，一边关注磁带的旋转。在外人看来，他们好像在录制马恩岛快要消失的语言。但他们用马恩岛语进行的对话——中间穿插着轻松的玩笑和轻柔的笑声——是非常乐观的：未来，马恩岛语会借布赖恩和其他复兴者之口被更多人听到和使用；这门语言后继有人。

尽管年纪很大，又是以马恩岛语为母语者，马德雷尔和马恩岛语复兴者们在一起时总是十分谦虚。他从不用导师教导学徒的口气说话。相反，马德雷尔总认为受过教育的青年们才是正确的。"如果我说错了，一定要纠正我，"马德雷尔曾用英语对他们说，"你们是学者，而我不是。"这种尊重也会造成问题。

"我们想要确认一下 eayn（羊肉）这个词的正确读音。"布赖恩告诉我，"我们请马德雷尔用马恩岛语大声说'羊肉'。

奈德说 eayn。我的同事，道格拉斯，模仿奈德的读音，但念得不是完全准确。奈德说'对'，然后就开始模仿道格拉斯的读音。不过我们及时发现了这个问题。"

录音过程中有意外的发现。尽管加起来有三十年说马恩岛语的经验，两位马恩岛语复兴者还是在马德雷尔的言语中发现了很多新的词汇和表达。马德雷尔讲述了他在摇摆的渔船上的经历，说到了渔网、慵懒的螃蟹和看起来很低的天空，提到"星星"时，他用了 roltag 这个词。但字典上记载的是 rollage——rollag 正好就是前一个词条，定义是"船只舷缘上搁桨的凹槽"。是老人说错了吗？布赖恩和他的同事不这么认为。他们知道马德雷尔在海上打渔时常常接触爱尔兰水手。他们提到星星时会用凯尔特语词汇 réalta。马德雷尔为了和爱尔兰水手沟通，调整了自己的语言；roltag 就是被调整过的词汇之一。马德雷尔用到的 Va ny taareeyn er（他很害怕），这个说法对布赖恩和同事来说也是很陌生的——这个表达其实来自古爱尔兰语。

马德雷尔 1974 年去世，此后多年布赖恩一直在为马恩岛语奔走。他白天在"海对岸"的默西赛德郡（Merseyside）教物理，晚上设计马恩岛语课程、撰写推广文章并录制传统歌谣的唱片。为了改善马恩岛语文学作品匮乏的现状——"《圣经》没有用，太难了"——他翻译大众儿童读物。1990 年，他翻译的马恩岛语版的《爱丽丝梦游仙境》（*Contoyryssyn*

Ealish ayns Cheer ny Yindyssyn）出版。此时，外界对马恩岛语曾经的反感已经被陌生所取代；马恩岛的孩子可以在学校学习一些马恩岛语。

布赖恩说："很多孩子已经在学法语和西班牙语了。此外，老师们每周再教三十分钟马恩岛语。一节课教几个词汇，下一次再教几个词组。没有特别难的内容。父母们没有反对。"

因此，学生们不仅会说 "Je m'appelle Jean" [①]、"Me llamo Juan" [②]和法语数字 "un, deux, trois, quatre, cinq"，西语数字 "uno, dos, tres, cuatro, cinco"，还学习 "Ta'n ennym orrym John." [③] 和马恩岛语数字 "nane, jees, tree, kiare, queig"。但仅此而已。马恩岛语教学资源如教科书、练习册和受过培训的老师等都很稀缺。和外国语学院的教学资源相比，这些课程的规模很小。

马恩岛语复兴者们并不介意。一想到孩子们能说一点马恩岛语了，他们就备感欣慰。布赖恩解释道：

> 要记住，不久之前，大多数马恩岛人都放弃马恩岛语了。马恩岛语名声不好。它和穷人、落后联系在一起。后来又成了孤僻者和怪人的语言。我们不好意思在他人面前说马恩岛语。让我给你讲一个小故事。一天我从利

---

① 法语 "我叫让" 的意思。——译者注
② 西班牙语 "我叫胡安" 的意思。——译者注
③ 马恩岛语 "我叫约翰" 的意思。——译者注

物浦家中打电话给一位马恩岛朋友。我像往常一样说马恩岛语，但他一直用英语回复。我问"kys t'ou?（你还好吗？）"，他有些僵硬地回答"很好，你呢？"后来我才意识到我打电话时我的朋友在上班。他在办公室里工作，不希望同事听到他说马恩岛语。

布赖恩给我讲了同时代发生的类似事件。他说，在酒吧里，一边喝啤酒一边说马恩岛语的人可能会惹怒其他客人。对骂有时会演化为斗殴。

布赖恩表示马恩岛语复兴者已经不计较这种事情了。二十五年前，布赖恩离开了英国和物理领域，在退休后回到了马恩岛，他亲眼见证了这期间发生的巨大变化。马恩岛居民对马恩岛语越来越感兴趣，一次次调查显示，马恩岛语学习者的人数在不断增长。这门语言复兴有望。不过，布赖恩已经无法承受这巨大的工作量了。几年前，他将主要工作交给了四十多岁、充满活力的阿德里安·凯恩（Adrian Cain）。所有马恩岛语复兴者都知道布赖恩和阿德里安。

与布赖恩交流后不久，我打电话给阿德里安了解他个人和现代马恩岛语的情况。"我来自马恩岛南部，家乡就在奈德·马德雷尔的出生地克里格涅什（Cregneash）附近。我的婶婶们说她们小时候听到过马恩岛语。"和布赖恩一样，阿德里安少年时加入了马恩岛语复兴运动，并被其他马恩岛语复兴者所感染。年轻时他大多数时间都在学习马恩岛语；多年后，他坐在自己位于伦敦东部的经济学教室里，用马恩岛语给马恩岛的朋友写信。在伦敦，阿德里安曾一度投身城市政治运动——"左翼运动"——但很快他就厌倦了游行和口号。他开始牵挂家乡。"我认为，守护一门语言是政治运动。和签请愿书之类的事情不同。说马恩岛语、教马恩岛语、展示马恩岛语对于今日社会仍有意义。这就是我的政治目标。"他的回归正好遇上了媒体对"少数族群语言"关注度上升的时期，马恩岛语以及复兴马恩岛语的运动一下子有了新闻价值，他渴望介绍马恩岛语复兴运动，不断地接受记者采访。"无尾猫、摩托车比赛、离岸会计——这是大部分的人对马恩岛的全部印象。马恩岛语呈现了马恩岛的另外一面。"

我问他不断地接受采访会不会很累。这里的"累"指失望且缺乏成就感。我能想象他总是一遍遍回答同样的问题。

"总体来说，是很累。有些记者的问题时常让人觉得：'天啊，这要从何说起？'"

阿德里安因为会说马恩岛语参与了一档英国下午茶时间段电视节目的录制。与他一同登台的是一位身材魁梧、有加勒比海血统的喜剧演员。对于观众来说，两人的外形对比强烈。他们使用的语言也差异很大：喜剧演员的英语洪亮低沉，阿德里安的马恩岛语则显得有些奇怪。节目开始前一小时，他在演员休息室答应制作人在节目中教观众说马恩岛语。结果直播时，毫不夸张地说，主持人和喜剧演员几乎没有给他预留教学时间。在仅有的几分钟时间里，阿德里安尽量具体地说明，展现对马恩岛语的热情，但他的搭档态度有些消极，反应十分敷衍。

这种情况经常发生。认真的阿德里安会收到来自比利时纪录片导演、德国报纸专栏作家或英国电台工作人员的邀请。他会认真准备。提前构思好大量的台词和简单的事例。熨好接受采访时穿的服装。准时到达咖啡店或演播室。他只期望马恩岛语得到媒体的认真对待。然而，采访者常常迟到，准备不足，撰写报道时也不加入帮助大众理解的背景介绍。可以想象，最终他们只会在仓促间拼凑出一篇毫无新意的报道：马恩岛语古朴雅致、有异域风情，但也非常难学。其濒临灭绝令人遗憾；但这门语言还在勇敢地与命运抗争。对于任何马恩岛语复兴者来说，这种论调都令人失望。更糟糕的是，马恩岛的社交圈子很小，与媒体接触会招来他人的嫉妒。"有人说'阿德里安又在媒体那里自吹自擂了'。"

但阿德里安选择保持乐观。他是一位专业的乐观主义者。只要能引起关注，就是好事。媒体宣传吸引了来自海外的马恩岛语学习者——一种新型访客，即所谓的"语言游客"（现代流行起来的廉价西班牙包价旅游对马恩岛经济影响很大，"语言游客"的到来一定程度上振兴了当地经济）。对于这些游客来说，在街角红砖墙上看到一个双语的"禁止吸烟"标

识——马恩岛语是 Jaaghey Meelowit——就像维多利亚时代
的游客看到大海一样。

"大多数是来自欧洲各地的年轻人。他们相信人人都可以
加入马恩岛语复兴者的行列并为此而来。我们的课程非常轻
松。其实我们都是马恩岛语学习者。没有标准口音之说：德
国人说带有德语口音的马恩岛语，瑞典人说带有瑞典语口音
的，捷克人有捷克语口音。这都没问题。"

背着双肩包、留着金色长发、叽叽喳喳的中产阶级——
阿德里安对话练习小组的成员与住在农舍中的农民和渔民相
去甚远。这些初学者的个体差异导致他们的马恩岛语有时很
难听懂。阿德里安坚持学习者有自由运用马恩岛语的权利。

"有些人深入研究了那些多年前以马恩岛语为母语者说
话的录音，在一些有关发音的细枝末节问题上过于计较。但
是，我们一定要把 20 世纪 40 年代的渔村马恩岛语带入 21 世
纪吗？比如说表示'快乐'的 maynrey。"

他念"芒拉（音译自 man-ra）"。

"有些人在以前的录音里听到的读音是'曼拉（音译自
mehn-ra）'。他们觉得每个人都应该念"曼拉"。他们说我说
的和教的都是错的。但那些录音只是工具，不是准则。用我
说的马恩岛语方言念，快乐就是'芒拉'。我念'芒拉'，你念
'曼拉'。这都没有问题。我认为相较于细节我更在意大局：只
要你我能够互相理解，我们的马恩岛语就都是正确的。"

他的话让我想到了布赖恩曾提到过的马恩岛语复兴者之间有关"正确"的争论。五十年前，马恩岛语需要很多新词汇来描述现代岛屿生活：参与录音的老人们从来没有坐过汽车和飞机，没有拥有过电脑，也没上过大学。为了应对这个挑战，一些马恩岛语复兴者提出了自己创造的新词。阿德里安猜到了我的问题。

"比如 parallelogram（平行四边形）。它算马恩岛语词汇吗？我觉得没有理由不算。我都是直接说 parallelogram。jungle（丛林）也是如此。我直接说 jungle。更爱钻研、讲究地道的人会说 doofyr。这个词来自爱尔兰语。这两个词都没有问题。"

不同的人对语法的运用也有差异。句子通常会被简化。比如"我昨天看见她了"这个句子。熟练的马恩岛语者会说"Honnick mee ee jea［Honnick 是 fakin（看见）的不规则过去式］"。然而大多数马恩岛语学习者都会选择不用这个不规则过去式，直接说"Ren mee fakin ee jea"。[①]"Hie mee.（我去过）"也是一样，马恩岛语学习者会说"Ren mee goll"。[②]他们也不用表示"来过"的单词 haink，而是说"Ren mee Çheet"。[③]

---

① "Honnick mee ee jea." 相当于英文中的"I saw her yesterday"，"Ren mee fakin ee jea"则相当于"I did see her yesterday"。
② "Hie mee"相当于英文中的"I went"，"Ren mee Çheet"则相当于"I did go"。
③ "Ren mee Çheet"相当于英文中的"I did come"。

"如果奈德·马德雷尔或者其他母语马恩岛语者能够死而复生，回到今天的马恩岛，他们会被今日马恩岛语学习者的面貌震惊。他们可能会觉得这些人的口音以及说出的有些句子非常奇怪。但是他们能够分辨出这就是他们的母语，也能用马恩岛语与现代学习者沟通。"

阿德里安无法让逝者复活，但他一直不遗余力地守护着马恩岛语：他从布赖恩开始，与还能说马恩岛语的老人们一一见面交流，这些老人不是马恩岛语母语者，但都能流利地说这门语言。和之前四处录音的马恩岛语复兴者一样，他将自己听到的每一个故事都记录了下来。半个世纪以前，布赖恩用录音机录下了他与奈德·马德雷尔的对话；如今，阿德里安对自己和布赖恩的对话进行录像，然后——配好字幕——上传到网络上，供所有人观看。

我观看了阿德里安的视频，看到布赖恩以及其他受访者说话时因努力回忆而皱起眉头。来自伊林港（Port Erin）的戴维·奎林（Davy Quillin）一头灰发，穿着蓝色的牛仔裤，陷在他的紫红色沙发之中，他讲述了十六岁时带着马恩岛语教科书出海的经历。他指了指镜头之外、咖啡桌下面的书。他的马恩岛语十分流利，语速很快，他儿时听到的马恩岛语就是这样的。他清楚地记得一天他和父亲一起散步，遇到了两个拄着拐杖的老人。他和父亲走近时，父亲轻轻地对他说："听。"两位交谈的老人"轻松地说着马恩岛语……能听到他们对话，我非常开心（loayrt cho aashagh ass yn Ghaelg... v'eh yindyssagh clashtyn ad）"。其中一位老人是奈德·马德雷尔。他不知道另外一个人是谁。Garroo，马德雷尔和同伴身边狂风大作，他们不断重复的这个词，是"恶劣"的意思。

秃顶、戴眼镜、胡须已经发白的德里克·菲利普斯（Derek Philips）是阿德里安另外一个视频中的主人公，他外表肥胖，像退休了的屠夫，在视频中，他坐在奶白色的沙发上，展示了自己的马恩岛语。他表示他是五十年前通过马恩岛语复兴者教授的夜校课程学会马恩岛语的。伊林港的一个银行经理是一位马恩岛语复兴者，和他成为了朋友，两人定期在各自的家中见面，用马恩岛语对话。基本掌握马恩岛语之后，菲利普斯变得喜欢社交起来。他总是在寻找其他说马恩岛语者。一次，他在商店柜台后面尝试询问一位年长的顾客懂不懂马恩岛语。他希望学一两个新词汇。但那位顾客听了之后十分生气。"马恩岛语？马恩岛语？那都没用，伙计。马恩岛语毫无价值！"菲利普斯认为这位老人儿时一定因为说马恩岛语受到过惩罚。

这些视频加起来总共几十分钟，大多是在老人们家中录制的，展示了现代马恩岛语的真实面貌。老人们的马恩岛语都很流利，但我们也能看出他们日常缺乏说马恩岛语的伙伴和机会。说到园艺时，菲利普斯停顿了一下才说出"poanraghyn（红花菜豆）"。过了一会儿，他问阿德里安"Cre t'an fockle son cauliflower（花菜怎么说？）", Laueanyn——马恩岛语中手套一词——他也记错了。讲述不寻常的往事时，他展现了自己掌握马恩岛语的最高水平；通过多年来的不断重复，他说起这些故事来十分流畅。

有一则故事非常独特。一天晚上在酒吧，一个玩飞镖的人走过来邀请菲利普斯玩上一局。菲利普斯说，稍等几分钟。等我和太太把话说完。那个人点点头，就自己回去继续玩了；正准备将飞镖扔出时，他突然倒在了圆靶前。菲利普斯的太太是护士。她跑过去，"开始按压他的胸部（prowal dy yannoo yn stoo er y cleeu echey）"。但抢救没有成功。那个人还是不幸过世了。很快喝酒的人都离开了。有人叫了救护车。在菲利普斯等待救护车时，倒下已经三十分钟的死者身体突然动了，好像要坐起来一样。"我妻子说，那是因为空气离开了他的身体（As dooyrt my ven dooys, va shen yn aer scapail woish）。"

下课铃一响，布斯考尔格尔加（Bunscoill Ghaelgagh）小学身着蓝色校服的学生们争先冲出教室，跑到操场。他们有的踢球，有的跳绳，有的站着聊天。老师在学生之间来回走动，警惕地聆听着。如果他们发现有学生在用英语窃窃私语，就会停下提醒他们。

布斯考尔小学位于马恩岛的中央山谷，2001年由几对父母创立，是有史以来第一所用马恩岛语教学的学校。十五年来，学生（五到十一岁）人数从寥寥无几上升到了七十名。现在很多的学生的父母并不是马恩岛语复兴者，他们希望用马恩岛语接受小学教育的经历能帮助他们的孩子在未来学好西班牙语、德语或法语。马恩岛语复兴者则希望通过这所学校证明马恩岛语会被延续下去：七十名学生的确不多，但至少总好过最近灭绝的卡拉兰姆语（Klallam，北美的一种语言）、巴宰语（Pazeh，亚洲的一种语言）和尼维吉语（Nyawaygi，澳大利亚的一种语言）。

　　去年，阿德里安的儿子奥里（Orry）也进入这所学校学习。和其他同学相比，奥里起步很早。从出生起，阿德里安就开始教他马恩岛语了。六岁的他还是个孩子，会犯孩子的错误。他会混淆 eayst（月亮）和 eeast（鱼）。"一次，我们在诺里奇（Norwich）[①] 度假，我问我儿子：'你看见教堂顶上鸟巢里的猎鹰了吗（Vel oo fakin yn shirragh shen ayns yn edd echey heose sy cheeill）？'他一脸迷茫地问我，鸟为什么会在帽子里。edd 既可以表示鸟巢也可以表示帽子。"年幼的以马恩岛语为母语者在掌握这门语言的过程中会经历这样一个犯错的阶段。奥里的马恩岛语一天说得比一天好。

　　奥里和他的同学们是一百年来第一批能够流利地说马恩岛语的孩子。来访的老人们在课堂上听到孩子们说马恩岛语，简直不敢相信自己的耳朵。多年未被唱起的小调和童谣被赋

---

① 诺里奇是英国英格兰东部诺福克郡的城市，是英格兰历史上著名的古城，11 世纪到工业革命之前曾是全英国第二大城市，仅次于伦敦。——译者注

予了新的生命；有关现代生活的故事如野餐、流行音乐和电脑游戏等被写在纸上，要求学生大声朗读出来。

　　学校共有四位老师和两位助教。招老师很难。据说，以前的助教的马恩岛语水平很一般。一位刚刚被录用的老师——她的几个孩子都是这所学校的学生——在接受本地记者采访时说自己在面试前非常紧张：她必须复习语法。面试前几周，她一直在读马恩岛语的童书。

　　校长转过头注视着窗外来来往往的车辆。在学校陈旧的灰色石砌围墙之外，几乎一切都是英语表述的，如茶馆的三明治菜单板，车站的涂鸦，电视上的节目，牛奶瓶、早餐麦片盒子以及糖果上的标签等。每天，英语都彰显着自己的重要性，让孩子们在学校学习的马恩岛语相形见绌。早餐时说英语，校门外说英语，睡前故事用的也是英语。阿德里安承认，就连奥里在家和妈妈说话时都"默认使用英语"。

　　因此，即便在马恩岛语复兴运动的中心，复兴者们的担忧也并没有消失。只有时间能告诉我们，操场上孩子们用马恩岛语交谈的声音是复兴的象征，还是这门有一千五百年历史的语言最后的叹息。

第 10 章　法兰西学术院的英国人

迈克尔·爱德华兹（Michael Edwards）爵士是法兰西学术院[①]的第一位也是唯一一位来自英国的院士。去年夏天，我拜访了他位于圣日耳曼德佩区（Saint-Germain-des-Prés）附近的家，并在下午茶时间与他见面。不过我们并没有喝茶。那天巴黎非常炎热，气温超过 100 华氏度[②]；或许迈克尔爵士用法式逻辑考虑，认为这样的天气不适合喝茶。出于英式礼貌，我没有提出要求。但我其实非常希望他能给我倒一杯奶茶。

这不重要。我们在他堆满书的客厅里一直聊到晚上，时而用英语，时而用法语；我有很多问题想问他。迈克尔爵士时年七十七岁，他的人生和事业漫长而丰富。他是学者和诗人，

---

① 法兰西学术院是法兰西学会下属的学术权威机构，主要工作是规范法语。——译者注
② 100 华氏度约等于 37.8 摄氏度。——译者注

使用在英国上学时学会的法语工作。两年前，迈克尔爵士成为一名守护法语的"不朽者（Immortels）[①]"。枢机主教黎塞留（Cardinal Richelieu）[②] 四百年前创立法兰西学术院以来，军人、牧师、化学家、钱币收藏家、海军上将、酒店老板、非洲国家元首以及——20 世纪 80 年代——几位女士都曾成为院士。但迈克尔爵士之前，从来没有英国人成为"不朽者"。

他的当选被广泛报道，法国报纸尤其积极。日报《解放报》（*Liberation*）热情洋溢地写道："英国送给我们一份美丽的礼物。"这件事在海峡对面的伦敦引起了不同的反响。英国记者不知如何看待这则新闻。一个英国人修订法语的官方词典！他们毫不掩饰自己的惊讶。"法兰西学术院因孜孜不倦地对抗法语受到的'盎格鲁–撒克逊'侵略而著名，不断提出可顶替英文说法的法语词，如替代 email（电子邮件）的 courriel。"《每日电讯报》（*The Telegraph*）写道。接受祖国媒体采访时，迈克尔爵士解释道："如今法语遭遇了危机，我认为学术院选择一位来自反方阵营却致力于捍卫法语的重要性和美的院士是合理的。"他常常接受法国媒体的采访，其中一篇报道称他说自己最喜欢的词是 France（法国）。

---

① 法兰西学术院的院士被称为"不朽者"，因法兰西学术院创始人枢机主教黎塞留所制印章上有名言"献给不朽（À l'Immortalité）"。——译者注
② 全名为阿尔芒·让·迪·普莱西·德·黎塞留（Armand Jean du Plessis de Richelieu，1585—1642），他是法兰西国王路易十三的首相，在法国政务决策中具有主导性的影响力，被誉为出色的政治家、外交家。——译者注

"其实，我不知道自己为什么会说出这种话。"迈克尔爵士对我说道，"我记得有人把麦克风往我面前一塞，问我最喜欢哪个词。当然，是最喜欢的法语词。我随口说了一个答案。仔细想想，我更喜欢 rossignol（夜莺）。"

迈克尔爵士没想到自己的当选如此令人意外——惊讶的不只是英国人。但他一定程度上可以理解外界的反应。毕竟，历史上英国和法国的关系十分复杂。双方都侵略过对方，曾多次交战。在阿金库尔（Agincourt）[①] 的战场上，成千上万的英法两军士兵被弓箭射成筛子。因此，从历史学家的角度来看，人们因迈克尔爵士当选院士而感到惊讶情有可原。然而，从语言学家的角度出发，这其实没什么好惊讶的。英语中表示惊讶的 surprise 就来自法语。election（选举）、history（历史）、armies（军队）和 origin（起源）也都是如此。据估计，每四个英语单词中就有一个来自法语，因此说法语构成了四分之一的英式英语［美式英语情况不同。美国人往汽车里加的汽油叫 gas 而不是 petrol（pétrole）；做菜用的笋瓜和茄子分别叫 zucchinis 和 eggplants，而不是 courgettes 和 aubergines；药店叫 drugstore 而不是 pharmacy（pharmacie）；纽约和圣迭戈（San Diego）树叶变黄的秋天叫作 fall，而不是 autumn（automne）］。

对于迈克尔爵士来说，女王是英语和法语亲密关系的

---

① 　阿金库尔战役（Battle of Agincourt）发生于 1415 年 10 月 25 日，亨利五世率领的英军以少胜多，击溃由大批贵族组成的法国军队。——译者注

象征。迈克尔爵士曾在 2014 年女王对巴黎进行国事访问时觐见过女王，她是征服者威廉（William the Conqueror）① 的后代——威廉以"我权天授（Dieu et mon droit）"为座右铭——据说女王的法语非常流利。"总是女王先说话。她赞扬我定居在这里。'一座美丽的城市。'我只能告诉你这么多。与女王陛下的对话必须保密。"

架子上有一张那次见面的照片。

"你们说的是英语还是法语？"

"英语。但后来在晚上的国宴上，她说了法语。"

国宴在爱丽舍宫（Élysée Palace）一个悬挂着水晶灯的大厅里举行。明亮的灯光下，女王一身白衣，身上的钻石闪闪发光，她右肩上的红色丝带代表她是法国荣誉军团勋章（Legion of Honor）② 的获得者。她一边讲话，一边用戴着白手套的手翻动讲稿。这是宴会礼仪——朗读讲稿是一项皇家传统。但我很好奇：在迈克尔爵士看来，女王的法语说得怎么样？不出所料，他立刻启用了外交辞令。"很好。"这就是他

① 征服者威廉即威廉一世（1028—1087）是第一位诺曼英格兰国王，他从 1066 年开始统治英格兰，直到 1087 年去世为止。威廉是诺曼底公爵罗贝尔一世和情妇埃尔蕾瓦之子。1066 年，他率领军队入侵英格兰，在黑斯廷斯战役中战胜哈罗德二世的英国军队，征服英格兰，并因此得名"征服者威廉"。——译者注

② 法国荣誉军团勋章是法国政府颁授的最高荣誉骑士团勋章，以表彰对法国做出特殊贡献的军人及其他各界人士。1802 年由拿破仑设立，勋章绶带为红色，分六个等级。——译者注

的全部评价了。我记得这次讲话，以及女王此前的演讲，在法国有现场直播（女王在国外也很受欢迎），这些视频如今都能在网上找到。见过迈克尔爵士几天后，我找到并观看了几个视频。不，迈克尔爵士说的法语和女王的法语不一样。他的发音更好，口音更自然。后来，我阅读资料时发现，女王不是在法国，而是在她父亲的官殿中学习的法语。她从小过着与世隔绝的生活，却因为一位比利时家庭女教师学会了法语——这反倒证明了她很少与外界接触。

（阅读过程中，我还读到了现代人对与女王同名的伊丽莎白一世的法语的描述："她的法语纯正而优雅，但说话总是慢吞吞的，影响了口音，比如'Paar maa foi; paar le Dieeu vivaant'之类，后来她愤怒地发现，自己这个习惯沦为了巴黎人的笑柄。"）

尽管迈克尔爵士现在身居高位，常常和女王、总统和首相打交道但他出身卑微，学习法语对他来说并不轻松。他可没有来自比利时的家庭女教师。"我在伦敦西南部的巴恩斯（Barnes）出生长大。那里的一切，如酒吧、公园、街道的名称克伦威尔路（Cromwell Road）和都铎大道（Tudor Drive）等，都是英式的。总体也很简陋。"他的父亲弗兰克（Frank）拥有一家修车铺，做汽车零件生意。迈克尔爵士的志向来自他的母亲。"她小时候写过一部戏剧。当然，并没有给她带来什么成就，但她一直有以文字为生的梦想。"她的儿子进入了金士顿文理学校（Kingston Grammar）追寻梦想，这座学校只招收男生，历史可追溯到伊丽莎白时代 [文法 Grammar 一词也来自法语，是"读书学习"的意思，与 glamour（魅力）相关]。"我爱上了法语。我当时十一岁。J. E. 芒雄（J. E. Mansion）的教科书《今日法语语法及练习》（*A Grammar of Present Day French with Exercises*）里写着 oui 和 non。这些简单的单词好像有某种魔力。'是'和'否'。基础又如此重要！和其他法语词汇一样，它们有某种气质。"对于修车摊主的儿子来说，这些单词陌生又新奇。"我发现了一个全新的世界：称呼、观察、想象的新方法。"

迈克尔爵士系着绣着红狮子的深蓝色领带，穿着黑色的皮拖鞋，戴着金属框架的眼镜，一双眼睛十分友善。从他现在的外表、渊博的学识，对社交的擅长和学者一般的谈吐 ["麻烦（bother）""万岁（vivat）"] ——着装入时，但举止严谨——可以看出，六十多年前在英国读文法学校的经历为他今日的成就奠定了基础。他一直享受学校的课程吗？

"不。我记得我觉得教科书枯燥、冷漠、不友好。我的很多同学可能因此对法语产生了反感。我从未失去兴趣，但我一直相信真正的法语比教科书有趣得多。"

迈克尔爵士回忆起了他的法语老师。"雷金纳德·尼科尔

---

① 伊丽莎白时代指1558年至1603年女王伊丽莎白一世统治英国的时期。——译者注

斯博士（Dr. Reginald Nicholls）。他常常下巴抽筋。这对于语言教师来说真是颇为不幸。"

　　枯燥的教科书，下巴抽筋的老师——在金士顿文理学校度过七年之后，迈克尔爵士进入剑桥大学，在那里，老师像"法语已经死亡一样"教授这门语言。只阅读，不说话。以读懂蒙田（Montaigne）[①]、伏尔泰（Voltaire）[②]和拉辛（Racine）[③]为唯一目的。又一次，学校教育可能夺走他对法语的兴趣。但迈克尔爵士迷上了拉辛，后来在巴黎完成了以"拉辛"为主题的论文。迈克尔爵士稍微回想了一下，背了几个拉辛的句子：

Moi-même, il m'enferma dans des cavernes sombres,
Lieux profonds et voisins de l'empire des ombres.

（我自己，他在黑暗的洞穴中让我闭嘴，
深邃之地和阴影王国的邻居。）

　　引文来自《费德尔》（Phèdre）。我们聊到这部戏剧时，迈克尔爵士说："法国作家和英国作家思考和写作的方式不同。

---

① 蒙田（1533—1592）是法国文艺复兴时期最重要的哲学家，以《随笔集》（Essais）三卷留名后世。——译者注
② 伏尔泰（1694—1778）是法国启蒙时代的思想家、哲学家、文学家，启蒙运动的领袖。被称为"法兰西思想之父"。——译者注
③ 拉辛（1639—1699）是法国剧作家，与高乃依和莫里哀合称 17 世纪最伟大的三位法国剧作家。——译者注

这一点是拉辛教我的。比如，英国作家不会像拉辛一样写'在森林的树荫下（à l'ombre des forêts）'，他会写'在一棵雪松的树荫下'或'在一棵橡树的树荫下'。"

"有意思。这两种语言以不同的方式表现现实。能再说说这种不同吗？你会怎么来描述？"

"我认为法语的认知更加抽象——就像坐热气球从上方俯瞰某件事情一样。因此，法国思想更注重整体，语言也很整齐均一。而英语的认知则更加实际、具体，有较多特例。"

"什么叫语言比较'整齐均一'？"

"拉辛写了很多戏剧，但他用的词很少：只有两千个。还不到莎士比亚的十分之一。这说明拉辛不需要特别多的词汇。在法语中，一个词汇可以表达几种不同的意思。比如attrait——一个拉辛常用的词。形容女性时，它指'魅力'；形容模糊一些的概念时，比如未知的事物，它指'诱惑'，l'attrait de l'inconnu，未知的诱惑。它还可以指一座城镇的'吸引力'，对某个话题的'兴趣'，感觉被某物'吸引'——attrait 一个词就有这么多含义。这种特性让法语文本规整一致。"

也许是出于谦虚，迈克尔爵士没有提到拉辛和学术院的关系。迈克尔爵士论文的中心人物、《费德尔》（Phèdre）的作者、法语"纯粹"和"雄辩力"的代表（这是黎塞留对他的形容）——拉辛于学术院创立不到四年时出生，三十三岁时成为院士。因此，对于迈克尔爵士来说，拉辛是一位杰出的榜样。

　　迈克尔爵士因为拉辛来到巴黎。在巴黎，他遇见了法国女孩达尼埃尔（Danielle）并娶她为妻。"我的孩子和孙辈都是法国公民。如果我知道可以同时拥有两个国籍，我也会早点加入法国国籍。我想保留我的英国护照。"娶了法国女孩但依然持英国护照的迈克尔爵士多年来在沃里克（Warwick）、埃塞克斯（Essex）和巴黎［他还去过贝尔法斯特（Belfast）、布达佩斯和约翰内斯堡（Johannesburg）］教授法语、英语和比较文学。学术之外，他还为《泰晤士报文学增刊》（*Times Literary Supplement*）撰写法国和英国的诗歌评论。

　　"伊夫·博纳富瓦（Yves Bonnefoy）寄给我一本诗集，让我评论。后来我们成为好朋友。他是典型的法国作家。是他让我产生了用法语写作的想法。"

　　迈克尔爵士后来用英语和法语写了很多书，包括对塞缪尔·贝克特（Samuel Beckett）的研究，和他的母语英语相比，贝克特也更偏爱法语。在他最近的诗集《巴黎恩惠》（*Paris Aubaine*）中，迈克尔爵士甚至混用英语和法语，混用有时是在同一个句子中，比如，"看着木刻画，我认为塞纳河过于强健躁动，但是，高高的岩石下灰色的水，蛇一般地流动，因他神秘的存在而不安地打转"。①

---

① 引文原文为："Inspecting her woodcuts, I thought the Seine too sinewy, turmoiled and yet, l'eau grise, sous la haute pierre, s'anime de guivres, se trouble là-bas, dans les remous de sa présence unearthly." 其中部分是英文，部分是法文。

"guivre"是表示蛇的纹章学术语 [迈克尔爵士写诗时可能想起了伦敦海德公园（Hyde Park）的蛇形河（Serpentine River）]，在我看来，它是一个经典、"典型的法语词"，应该是学术院倡导使用的词汇之一。然而事实上，学术院于1694年推出的第一版词典中并没有收录这个单词。空间不够——这部字典只收录了一万八千个单词——是原因之一。更加合理的解释是古代学者对词汇的态度较为怪诞。克劳德·法夫雷·德沃热拉（Claude Favre de Vaugelas），一位在同事间很有影响力的贵族，倡导规避一切方言、粗陋之语和技术词汇。"保住法语的绅士风度"可能是他的座右铭。法国绅士应该讨论比蛇更加高雅的话题。

选词标准荒唐之外，这部词典的编纂也极为缓慢。吹毛求疵者花好几周才能确定 bouche（嘴）之类单词的含义。十五年过去了，德沃热拉和其他学者才编到 I；结果，还没进行到 je、jovial 和 jupe，他就撒手人寰了。多年后，安托万·菲勒蒂埃（Antoine Furetière）曾在发脾气时抱怨过精力都被浪费在了毫无意义的争论上：

> 谁的嗓门最大，谁就最正确；大家为了一点点小事争得面红耳赤。有人重复别人说过的内容，同时总是有三四个人在说话。如果五六人同时在场，就有一人在看书，一人在发表高见，两人在闲聊，一人在打瞌睡……

同一条释义总要重复读上好几遍，因为总有人没有认真听……离题好久才能取得一点点进展。

　　菲勒蒂埃同时也在编纂自己的词典。学术院的其他成员发现之后，勒令他停止。菲勒蒂埃拒绝了他们的要求；他将人生中最美好的三十多年岁月都献给了这个项目。菲勒蒂埃因拒绝停止被赶出了学术院。学术院和这位前成员后来的恩恩怨怨被称为"词典之争"。学术院的词典五十年还没有完成，是个烂摊子。菲勒蒂埃透露，很多词条都没有按照字母顺序排列；girafe（长颈鹿）这样普通的词都未被收录；编纂者们不知道 a 应该算作元音还是单词。在菲勒蒂埃看来，学者们将词典编纂降级为业余爱好就已经够糟糕的了，他们直接不收录"不够高雅"的词汇的行为简直令人难以置信。"建筑师谈论柱基、柱座，军人谈论炮塔、城池，交际花谈论凹室、淑女和水晶灯，他们说的法语没有优劣之分。"菲勒蒂埃的崇拜者于 1690 年在荷兰分三册出版了他的词典，此时菲勒蒂埃已经去世两年，而学术院要到四年后才会把他们编纂的、相形见绌的词典献给路易十四（Louis XIV）①的朝廷。太阳王更喜欢菲勒蒂埃的词典。

　　菲勒蒂埃的成就突显了学术院在词典编纂方面的无能。

---

① 路易十四（1638—1715）自号太阳王，是波旁王朝的法国国王和纳瓦拉国王，在位时间最长的君主之一。——译者注

他一个人完成的工作，学术院的专家们花了六十年时间断断续续地做，其实最终还没有做完。作为一则以个人之力——一人抵百人——为主旨的寓言，这个故事颇具说服力。更能说明问题，也令学术院的学者更为难堪的是 1755 年塞缪尔·约翰逊（Samuel Johnson）编纂的《英语词典》（*Dictionary of the English Language*）。"没有大人物的资助，并非已经退休或得到了学术机构的支持，而是常常遭遇不便，无法集中精神，经历了病痛和哀伤"，约翰逊这样描写他定义四万两千个英文单词所花费的七年时间（也有说八年或九年的）。为了回报支付佣金让他有钱买墨水和纸的当地书店老板，约翰逊必须快马加鞭。高强度的工作令他睡眠不足、脾气不好，但没有影响词典的质量——他的骄傲。国内外的评论家都对他的作品赞赏有加。真是了不起的笔杆子！约翰逊故作谦虚，自称为英语"做苦力"。

这是约翰逊回顾人生时的感慨，此时的他已经远离过去，功成名就。其实，刚刚开始编纂词典时，约翰逊还有更大的目标。翻阅过学术院的第三版词典（1740 年出版）后，他和巴黎的学者们一样，也想改良自己的母语，确保其不被工人以及外国人的语言污染。因此，约翰逊一开始的目标并不是记录所有的英语单词。他的词典是有取舍的：为了表达对祖国的热爱，他将很多法语词汇拒之门外，或至少规劝读者不要使用它们。他不希望国人"说着一口法语方言"。他说 ruse

（诡计）是一个"既不优雅也不必要的法语词汇"。在他看来，finesse（技巧）也是"偷偷混进英语的不必要词汇"。约翰逊还补充道spirit法语式的用法——表示灵魂或人——已经"愉快地过时了"。他还推荐英国人用 heroess 取代 heroine（女主角）。但是，漫长的编纂过程动摇了约翰逊的优越感。有些词汇或优美或好用，到底从何而来根本不重要。比如 paramour（情人），约翰逊认为这个单词"并没有不优雅或不动听"。

约翰逊刚开始编纂词典时，观念和学术院十分类似，完成词典之后，他的想法发生了很大的变化。最终，他意识到语言需要改良的观点是荒缪的。他认为法兰西学术院的做法是不会奏效的：语音"易变又微妙，无法用法律约束"；不能给音节戴上枷锁，不能"逼"人按照规则说话。"如果建立一个英国学术院并让其发布权威规则，读的人可能会很多，"他挪揄地表示，"但他们也一定会违反这些规则。"

迈克尔爵士成为院士后一年，学术院为他举办了欢迎仪式。依照传统，学术院的院士们从他们的词典（目前已经是第九版，大约收录了六万个词条）中挑选了一个词送给迈克尔爵士。他们选择了 universalité：

> n. f. Ensemble, totalité, ce qui embrasse les différentes espèces. *L'universalité des êtres, des sciences, des arts.*

En termes de Jurisprudence, *L'universalité des biens,* La totalité des biens.

UNIVERSALITÉ signifie aussi Caractère de ce qui est universel, de ce qui s'étend à un très grand nombre de pays, d'hommes. *L'universalité de la langue française...*

（我的翻译：阴性名词。一系列，一个整体，包罗万象的。个体、科学和艺术的集合。法学中的财产的完整性，物品的完整性。

还指适合众多国家或个人的普遍状态。法语被广泛使用的状态……）

构建这样的释义就是迈克尔爵士和词典委员会的另外十一位同事的工作。"周四是词典日。我们十二个人上午会花三个小时坐在一张长条桌边，一个一个讨论需要修订的词汇。可能是需要微调的释义，或需要替换的例句，或一个新词。每周大约能完成二十到三十个。这听起来像是一份闲差，但我们非常认真地对待我们的职责。房间里的气氛非常庄重。必须得到允许才能说话。"他抬起手臂，好像正在注视委员会的主席一样，然后再放下。

"与此同时，我们的关系也亲密了起来。我们常常在一起，成为亲近的朋友，很熟的那种［用简体形式 tu（你）相

互称呼]。"

委员会正在探讨 rude 的各种意思。和英语的 rude（粗鲁的）不同，这个词在法语里有多重含义：它可以表示粗糙的、未打磨的、未经世故的、严酷的和严重的。

"用不了多久我们就可以完成 r 开头词汇的收录和定义了。"他微笑着说，"艺术的道路很漫长，人生很短暂。"学术院院士的玩笑。

定义 r 开头的单词之外，迈克尔爵士和他的同事们还有别的职责。委员会还负责回答大众对法语用法的问题。以前，委员会会收到装在信封里、字迹模模糊糊的问题。现在，人们都是用键盘把问题打出来，然后给委员会发电子邮件。别忘了说电子邮件要用法语词 courriel，而不是带着法国口音念 email。委员会会在学术院网站上的一个专门的页面发布答案。埃德温（Edwin S.）问应该说"Quand est-ce que tu viens（你什么时候到）"还是"Quand viens-tu"？，一位委员会委员回复后者更好，尽管前者用得更多。一个名叫白发（Shiraga）的人询问 bonzaï 这个词的法语读音；她提到，在日语中，这个词念 bonssai。委员会表示，在法语中一定是发 z 的音，同时严厉地补充道："这不是一个日语词，而是一个从日语引进的法语词。"

迈克尔爵士有时也会回答问题。他还为学术院的文体指南——《说，不说》（*Dire, Ne Pas Dire*，同样也在网站上发布）供稿。比如，根据该指南，我们不说"il est sur la short-list（他进入了名单）"；shortlist 是英语词，应该去除。我们应该说"il est parmi les derniers candidats susceptibles d'obtenir tel prix（他是有望获得某某奖项的候选人之一）"。说得客气点，真是够迂回的。类似这样复杂的区分在文体指南中还有很多。

不说 une newsletter（一份简讯），说 une lettre d'informations（一封发布信息的信）。

不说 une single（一个单人房间），说 une chambre pour une personne（适合一个人的房间）。

不说 éco-friendly（环保），说 respectueux de l'environnement（尊重环境）。

禁忌众多！这不行，那也不行，让人读起来很不舒服。

但是迈克尔爵士说我对问题指南的理解是不准确的。这个指南并非为了对抗英语而存在。学术院的不少成员被他称为"亲英派"，这些人喜欢英国小说和美国小说，喜欢华兹华斯（Wordsworth）的诗句。指南存在的目的是确保语意清晰。很多英文单词令人困惑。这种奇怪的、没头没尾的"不自然英语"随着全球化传播开来。巴黎地铁里的海报、圣母院附近的广告牌和回响在大街上的电台广告都充斥着"Just do it（想做就做）""Nespresso, What Else（雀巢咖啡，舍我其谁）"，"Taste the feeling（体味这感觉）"，"This is Her（这是她）"，"This is Him（这是他）"之类的语句。迈克尔看到他身边的风景被这些没有意义的宣传语破坏。"我的同事们对此一直十分担忧，他们的担忧是合理的。国家的健康，"他背诵般说道，"取决于语言的健康。"

因此，保卫法语的运动从美学层面转移到道德层面。学术院不是为了绅士们，而是为了普罗大众保护法语。然而，无论是道德层面还是美学层面，背后都是同样的焦虑和困扰。一种语言恐慌。1985 年，在对学术院发表公开演讲时，迈克尔爵士的前任让·迪图尔（Jean Dutourd）曾抨击过"大西洋混杂语"的粗俗传承者"对句法的谋杀，对词典的种族灭绝"。他们像"房地产开发商一样贪婪"，迪图尔警告道，一旦有机会，就会拆除法语的"宫殿"，在上面盖上超级豪华的高层建筑。他希望法国政府采取行动。他对文雅的观众说他希望在法国看到"语言调查"。他敦促财政部长建立语法检查机构，负责对新闻、书籍、广告进行检查，寻找不正宗的词汇。在出版物中用 nominer（提名）而不是 nommer（更古老的法语词汇）的人，以及受到英语的影响，搞混 sanctuaire 和 refuge 的人，必须支付二十法郎的罚款。一种语言税！

诚然，迈克尔爵士不是让·迪图尔（他加入学术院之前从未读过迪图尔的作品），他是温和派，不支持征收语言税。就像委员会的网站一样，他的温和是对 21 世纪的让步。"法语在改变，法国也在改变。我是法国变化的面貌的一部分。"在他的一头灰发后面，带褶边的橙红色灯罩非常惹眼。"为了一百年后还能被读懂，法语需要一定的人工干预，"他补充道，"但我们不能抗拒未来。"他几乎就是说我们不能成为让·迪图尔。"哪个人类机构没有几个无聊的老学究呢？"

"我们不能抗拒未来。"但我不认为迈克尔爵士真的这么想。我不能理解为什么学术院认为 jazzman（爵士音乐家）、blackout（停电）、fair play（公平竞争）、covergirl（封面女郎）这些词汇是法语词，却坚称 shortlist 是堕落的英语词，或英语色彩过重。2014 年的诺贝尔文学奖获得者帕特里克·莫迪亚诺（Patrick Modiano）的多部小说中都用了 blackout。另一位在世的法国诺贝尔文学奖得主 J. M. G. 勒克莱齐奥（2008 年获奖）在他的小说《沙漠》（*Désert*）中，用过 covergirl。有什么能阻止他们在未来的法语文学作品中用 shortlist 呢？反正学术院的文法指南是做不到的。这两位作家——顺便一提——也都没有加入学术院的意思。

天色已晚——我们聊得太投入，忘记了时间——不过告别之前，我问迈克尔爵士能不能看看法兰西学会（Institut de France）著名的藏书以及他和其他院士们开会时用的房间。他说可以安排。学术院秋天会再次聚首，我那时提醒他一下即可。

我真的提醒了。迈克尔爵士遵守了诺言。在勃艮第（Burgundy）度夏之后，他在回信中附上了参观日期，11 月 12 日周四，和地址，康迪码头 23 号（23 quai de Conti）。（地址其实是多余的。我的公寓就在附近：每次过艺术桥①我都会路过学会装饰着立柱的正门。）十二日，下午的会议快要结束时，我来到了接待台的年轻女士面前。我说我是来见"迈克尔·爱德华兹"的。接待员一脸茫然。我又尝试了一次。这一次，用法语的发音读他的名字，"米夏埃尔·爱德沃"。

"啊，爱德沃先生！"她给了我一个安保胸章，打开电子闸门让我进入，又告知我去何地坐着等待。

铺着鹅卵石的院子尽头有一扇关着的门，令人望而生畏。

我试着拉了拉门。它咯吱作响，随后打开了。半身像、挂毯和水晶灯映入眼帘。不久，迈克尔爵士顺着楼梯走了下来。华丽的环境令他步履有些僵硬。院士们在"里面"开每周一次、每次一个半小时的全体会议，他解释道，他们会在会上讨论词典委员会的建议。学术院周四下午的会议一般都很顺利，但这一次有些磕磕绊绊。他好像要告诉我详情，但最终改变了想法。他转移了话题。"我带你去参观图书馆。"

马萨林图书馆（Mazarin Library）：法语的大本营。六十万册藏书，汗牛充栋。馆内弥漫着牛皮纸、发霉的皮革和历经几个世纪的书页的气味。在这里，迈克尔爵士1965年以拉辛为主题的论文和拉辛的戏剧放在一起；一同被图书馆

---

① 艺术桥是法国巴黎塞纳河上的一座人行桥，连接法兰西学会和卢浮宫中央广场。——译者注

收录的有1580年版的巴雷特（Baret）①的多语种词典《阿尔维利》（音译，*Alvearie*）——有英语、拉丁语、法语和一点希腊语——这部词典"包含多种多样的词汇、词组、谚语，以及不少对语法的明快评价"，据说曾是莎士比亚创作戏剧时的参考书；有维克托·雨果（Victor Hugo）的《巴黎圣母院》（*Notre Dame de Paris*），雨果经历了三次失败才当上学术院院士；还有波德莱尔（Baudelaire）②的诗集，波德莱尔曾是院士候选人，但在1862年最终未能成功当选。

迈克尔爵士说："我认为那是因为他违反了法律。"学术院还陆续拒绝过莫里哀［他的名字与法语永久地联系在了一起：法语又被称为莫里哀的语言（la langue de Molière）］、帕斯卡（Pascal）③和左拉（Zola）④。

提到自己做候选人的经历时，迈克尔爵士说："要给每一位院士手写一封信。每封信都必须是个性化的。信不建议写得太长。我可能写了两页。"他承认自己对好几位院士都不太熟悉，不得不临时抱佛脚，提前了解他们的作品、主题和风格。

---

① 约翰·巴雷特（John Baret，？—1580）是伊丽莎白一世时期的一名英国词典编纂者。——译者注
② 夏尔·波德莱尔（Charles Baudelaire，1821—1867），法国诗人，象征派诗歌的先驱。——译者注
③ 布莱兹·帕斯卡（Blaise Pascal，1623—1662）是一位法国数学家、物理学家、发明家、作家和天主教神学家。——译者注
④ 埃米尔·左拉（Émile Zola，1840—1902）是一位法国小说家、剧作家、记者、自然主义文学流派的著名代表。——译者注

　　和我一同穿过连接图书馆和学术院会议室的长走廊时，迈克尔爵士指出了一座拉·封丹（La Fontaine）^①的雕像，他第一天进入学术院时，就作为"新人"站在这座雕像旁等待被叫到。在闷热的会议室内，在黎塞留的画像下，四十张豪华的红色椅子排成椭圆形。每位院士的座位都有编号，迈克尔爵士的座位号是三十一。科克托（Cocteau）^②和《西拉诺·德·贝热拉克》（Cyrano de Bergerac）^③的作者埃德蒙·罗斯唐（Edmond Rostand）都曾坐过这个座位。

　　一个周四的下午，二十九号椅子上的人类学家克劳德·莱维-斯特劳斯（Claude Lévi-Strauss）在这里提出了他对 boomerang（回旋镖）的定义。另一个周四下午，莱维-斯特劳斯又在此说服了他的同事修改词典中 rance（变味的）的词条。在他看来，词条将这个词解释为"令人不快的"味道和气味其实体现了一种西方偏见。在很多文化中，腐败变质的食物是其饮食文化的重要组成部分。他的意见被接受了："令人不快的"一词被"强烈的"所取代。

① 　让·德·拉·封丹（Jean de La Fontaine，1621—1695）是一名法国诗人，以《寓言诗》留名后世。——译者注

② 　让·科克托（Jean Cocteau，1889—1963）是一位法国诗人、小说家、剧作家、设计师、编剧、艺术家和导演，代表作品包括小说《可怕的孩子们》，电影《诗人之血》《可怕的父母》《美女与野兽》和《奥尔菲》。——译者注

③ 　《西拉诺·德·贝热拉克》是埃德蒙·罗斯唐1897年创作的戏剧作品，是以法国小说家、剧作家西拉诺·德·贝热拉克的真实经历为蓝本创作的虚构作品。——译者注

我不知道迈克尔爵士会不会在学术院的词典上留下自己的印记。我不知道学术院讨论 sandwich（三明治）或 turf（草皮）之类的词语时，他会不会从英国人的角度发表意见。

迈克尔爵士似乎猜到了我的想法。不过，他之所以打开话匣子也可能是因为回到了会议室——一两个小时以前这里刚刚发生了火花四溅的讨论。

"我认为我给学术院带来了一种不同的说话风格。我会开玩笑。同时敢于表达自己的想法。我有我的意见。"他停了下来，看了看周围，压低嗓音向我透露，"我和吉斯卡尔（Giscard）有些摩擦。"吉斯卡尔指的是近九十岁的瓦莱里·吉斯卡尔·德斯坦（Valéry Giscard d'Estaing），1974 年到 1981 年的法国总统，他 2003 年当选学术院院士。对 vamp 一词的不同理解造成了英国人和前总统之间的摩擦。"是他起的头。他说这个词的意思是'一个美丽的诱惑者（une belle séductrice）'。单一又简单。我说不对，这个词还有更丰富的含义。我说它来自 vampire（吸血鬼），除了美之外，还暗含危险之意。"这似乎成了当天大会的主要争论。

法国人对抽象的、无穷无尽的辩论是无比的热衷！在法国居住十年之后，我对此非常了解。人们普遍认为法国人不怎么留心学术院的动向，从我的经验判断，他们根本无须为此费心。持续好几个小时的家庭午餐就是他们的学术院。和朋友在吵闹的餐厅露台上一起喝红酒就是他们的学术院。法国人多么热爱说话！以及探讨说话！

我们回到接待台，接待员帮迈克尔爵士穿上他的黑色博柏利（Burberry）长大衣。他要去听舒伯特（Schubert）音乐会，听音乐会是他长久以来的爱好。"我们三周后会举行年会。所有院士都会出席。我们会穿上制服，看起来活像一群穿制服的将军。我会邀请你的。我是主持人。"

次日，2015 年 11 月 13 日周五，晚上，在距离学术院和我家两英里的地方，一百三十名摇滚乐迷和在餐厅吃饭、在咖啡店喝咖啡的普通人在一起恐怖分子的袭击中丧生。几百人受伤。法国进入紧急状态。

暴力让平淡的事物变得荒谬。不把法国学术院——奇怪的仪式和听起来毫无意义的辩论——写成奇怪的存在已经很难了。一百三十位遇难者。和他们比起来，纠结一部词典如何定义 vamp 有什么意义？

但我对暴力的思考越深入——如此残酷无情、明目张胆、故意挑起仇恨——我就越相信学术院及其工作和角色并不荒谬。暴力毁灭一切，将砖瓦、瓶子和活人不加选择地化为碎片。相反，学术院的院士们以辨别、衡量、保护为己任。暴力追求沉默，学术院鼓励表达。一方制造不公正的死亡，一方则寻找适当的词汇。

奥巴马（Obama）总统代表美国表示哀悼时提到了几个

法语词汇："法国人民尊重生命、崇尚自由、追求幸福，美国人民能从中汲取力量。这样的悲剧提醒我们自由（liberté）、平等（égalité）、博爱（fraternité）不仅是法国人民坚定信仰的理念，也是我们奉行的价值观。"

袭击过后，一本美国人用英语写的书在巴黎畅销起来：海明威的《流动的盛宴》（*A Moveable Feast*）。

这再次印证了英语和法语之间的亲密关系，令人鼓舞。

三周之后，我拿着邀请函在康迪码头二十三号门前排队过安检。在十二月寒冷的空气中，学术院显得十分庄严。我们依次进入时，戴着白手套，插着红羽毛，穿着类似瑞士近卫队制服的卫兵立正行礼。我们一圈圈围坐在一座专为这样的盛事预留的圆顶建筑中。观众中有很多在法国家喻户晓的人物：一位女歌手、一位电影人和一位常常上电视的作家。巴黎中产阶级的人们也都来了。

院士们庄严地入场，随后坐在了一起。大家都穿着绿色和黑色的马甲，戴着双角帽，披披风并携带佩剑。白人、老人、男人占绝大多数（关于学术院性别不平等的问题，迈克尔爵士对我说："学术院非常渴望吸纳女院士，我们期待女院士的加入，但申请的女性不够多。"）。迈克尔爵士请大家为受害者默哀一分钟。

默哀之后，大家鼓掌祝贺学术院文学奖的获奖者，随后是一个有关法国小说历史的演讲，这一切都结束之后，迈克尔爵士清了清嗓子开始说话。他提到了暴力。不是持枪匪徒的暴力，而是诗人的暴力，"对抗对生活和人生墨守成规的看法，对抗令人厌倦的老套说法"。但诗人的暴力，迈克尔爵士继续说，不过是"敲开坚果，咬开水果"的程度。"诗意的暴力"总是伴随着"尊重真实的温情"。

现实，他总结道，是会回应语言的。"现实，"他几个月之前在他的公寓里对我说，"是多语言的。"

第 11 章　受限写作工作坊

　　1969 年，将一位著名巴黎作家的第四部作品《虚无》(*La Disparition*) 打成书稿的打字员着实值得同情。他坐在打字机前，习惯性地手掌向下，开始按键；但很难找到节奏。平常飞速运动的灵活手指变得迟钝而笨拙。但抱怨也没有用。必须打破打字的传统。必须勤奋，拿出干劲。要用到右手小拇指和右手大拇指。啪，啪，啪……叮。啪，啪，啪……叮。不过无论刻不刻苦，都会出现错误，打字员的双手有自己的习惯。因此他只能从头再来，直到六万多字的内容——又长又绕的段落、大量食物和饮料的清单、滑稽的场景、对阿蒂尔·兰波 (Arthur Rimbaud)[1]和维克托·雨果的讽刺模仿、对杀戮的戏剧描写——完整无误，这部书稿中完全没有法语中

---

① 阿蒂尔·兰波（1854—1891）是 19 世纪法国著名诗人，青少年时期从事创作，二十一岁之后停笔。——译者注

最常用的字母 e。

以下面这个短片段为例：

Anton Voyl n'arrivait pas à dormir. Il alluma. Son Jaz marquait minuit vingt. Il poussa un profond soupir, s'assit dans son lit, s'appuyant sur son polochon. Il prit un roman, il l'ouvrit, il lut; mais il n'y saisissait qu'un imbroglio confus, il butait à tout instant sur un mot dont il ignorait la signification.

（我的翻译：安东·沃尔睡不着。他开着灯。他的嘉资①闹钟显示已经十二点多了。沃尔一边叹气，一边穿着睡衣坐了起来，用枕头做靠背。他拿起一本书开始读；但书中的文字好像油墨印成的乱码，他吃力地回想着每个单词的意思。）

《虚无》的作者是加尔加斯·帕拉克（Gargas Parac，化名）②。他 1936 年出生，六岁时成为孤儿（他的父母都是纳粹的受害者），专业是社会学——他写作时志向高远、技艺娴熟，不过在作品取得成功之前，主要做民意调查工作，或担

---

① 嘉资是一个法国钟表品牌。——译者注
② 鉴于帕拉克写作不用 e，这个化名的主人显然是乔治·珀雷克（Georges Perec）。——原书编者注

任档案管理员及信息协调员。《事物》（*Things*）1965 年出版，令他声名鹊起，并赢得了一个重要奖项。不过，是加入一个由众多前卫作家构成的跨国组织 OuLiPo［受限写作工作坊（workshop for writing within constraints）］后的经历，激发了他的想象力，让他以独创新颖的方式看待词汇和语法。

　　［OuLiPo 的成员还包括用意大利语写作的伊塔洛·卡尔维诺（Italo Calvino），《宇宙环连图》（*Cosmicomics*，书中的叙述者名叫 Qfwfq）、《帕洛马尔》（*Mr Palomar*）和《隐形的城市》（*Città Invisibili*，在这部作品中，马可·波罗和成吉思汗探讨前者遥远奇妙的旅行）都是他的作品。］

　　受限写作，对于帕拉克和卡尔维诺来说，是一个远离语言规范、避免老套用词的机会。帕拉克选择了避讳字母：写作时跳过最常用的字母，把自己知道的所有含有这个字母的单词都挑出来。因此在他的新书中，有近三分之二的常用法语单词不能使用。对于我们普通人来说，光是想一想这样写作的难度就会感到心慌。但是，对于帕拉克来说，这种刺激能让他摆脱漫长的瓶颈期。

　　漏字文（lipogram）的历史十分悠久，可以追溯到古代。在大概公元前 500 年写作的阿尔戈利斯州（Argolis）的拉苏斯（Lasus）[①]，主要因酒神赞歌（dithyramb）和教授品

---

① 拉苏斯是一位公元前 6 世纪的希腊抒情诗人。——译者注

达（Pindar）[1] 而知名，开创了不用希腊字母西格玛（Σ）写赞美诗的先河：拉苏斯认为这个读起来带有嘶嘶声的字母非常刺耳。拉苏斯不是唯一这么做的人。在浪漫主义的高峰时期，外形优雅的戈特洛布·布尔曼（Gottlob Burmann）[2] 推出过一部漏字文作品，因为没有刺耳的 r——没有 Frau（夫人）、dürr（瘦）和 rann（跑）这些包含 r 的词汇——作品中的诗句读起来都非常柔和。

在巴黎，帕拉克是第一个用漏字文创作的作家。他用二十五个字母写作，这些字母源自拉丁文，并不是每一个都历史悠久。诺曼缮写室的抄写员修道士没有 j 和 v：他们会用羽毛笔写下 iour，而不是 jour（天），auait 而不是 avait（有）；直到 1762 年，j 和 u 才与 i 和 v 区分开来。w，尽管瓦隆人（Walloon）[3] 常用，直到 1964 年才得到国家字典的认可。

帕拉克写作时可以用 w（这令他十分愉快，他很喜欢这个字母）、j、v、拉苏斯不用的 s 和布尔曼避之不及的 r，但他不能用孩子们上学时和 a、i、o、u 一起学的那个字母。那个看起来像 3 的镜像的字母。避开这个字母很难：有数据表明法语书中每七个单词中就有一个含有 e（横向比较的话，美国或英国作品中每八个单词中就有一个，德语作品则是每六个中

---

[1]　品达（约公元前 518—约公元前 438），古希腊抒情诗人。——译者注
[2]　戈特洛布·布尔曼（1737—1805），德国浪漫主义诗人。——译者注
[3]　瓦隆人主要分布于比利时南部瓦隆大区。——译者注

有一个）。帕拉克面对着极大的挑战。

　　帕拉克把这部作品的背景设置在了 1968 年 5 月巴黎的暴乱期间：当时，这座法国首都陷入混乱，年轻的无政府主义者占领公共建筑，高喊口号，用涂鸦反对与人民脱节的政府。他们用字母表达愤怒。反对警察（flics）！反对政治宣传（intox，intoxication 的简写）！把单词和符号玩出花样。一张著名的标语只用几个符号——CRS SS（CRS 是暴乱控制小队的简写）——就简洁地表达了抗议者的诉求。因此，a、s 和 x 等符号哪怕不构成单词，也可以组合在一起传达信息、表达思想。词汇不仅仅是对声音的文字记录，构成词汇的符号（f-l-i-c-s、i-n-t-o-x、c-r-s-s-s 这样熟悉的组合）也有话要说。这是帕拉克的关键看法——划过他脑海的一道闪电。

　　作家这么做既有美学原因，也有政治因素，向我们展示字母的排布对书籍、短文、小报、杂志中的文字传达的"话语"与"思想"有很大影响。语言学家称这种现象为视觉象似性（visual iconicity）：符号构成的单词一定程度上类似其表达的意思。象似性最基本的看法是包含常用字母的短单词——如 rash（r-a-s-h，轻率的）——主要描述日常事务；不常见符号或少见的符号组合构成的长单词——如 psoriasis（p-s-o-r-i-a-s-i-s，牛皮癣）——探讨棘手、非典型的事物。另外，组合中的符号的形态可以在视觉上起引导作用，提示该词汇的主题。比如，locomotion（移动能力）。l 像一条烟柱；后面的辅音则是火车车厢；其中的四个 o，则是在铁轨上滚动的轮子。还有其他类似的例子：维克托·雨果认为 lys（百合花）才是正确的拼写，lis 是错误的。在他看来，y 是一个小枝条，周边的辅音则是簇拥枝条的花朵。

浏览《虚无》，阅读一个个段落时，你会发现文中很少出现变音符。"戴着小帽子"的名词出镜率不高：août（八月）、trouvât（找到）、chaînon（锁链的链环）。原来一旦不用法语的第五个字母，很多带变音符的词汇就也被屏蔽了。纯粹主义者读帕拉克的作品，看到其语言的样貌，会感到视觉上的震惊。名词上的"帽子"——一本书（*Orthographia Gallica*，编写于 1300 年左右）的衍生物——如今是地位的象征。变音符颇为时髦。因此有些渴望提升自己社会地位的人会给原本不需要加变音符的名词"戴帽子"，比如 ajoût（添加）。其实，在任何情况下 ajout 都是正确的。另外，1990 年委员会曾提出通过去除法语多余的"帽子"简化拼写，这一提议很快因同样的原因遭到了专栏作家和大众的反对。

（有时，在作者眼中，一个字母可能不仅不是加分项，还会让人有不好的联想：在 20 世纪初的俄罗斯，反对沙皇的激进分子会特地省略斯拉夫语名词的"显著标志"——表示一个单词的最后一个辅音不是腭音的 ъ——他们认为这个字符象征着落后的习俗。）

《虚无》是一个怪异的悬疑故事，一个有关深渊和湮灭的奇特故事，在其中，一个名叫安东·沃尔的人物饱受严重失眠的折磨。"我为什么无法入睡？"安东问道。医生们只能耸耸肩。精神药理学家开的药也没有效果。沃尔和他的不少朋友逐渐开始消失，失踪，仿佛遁入空气。他们中了圈套？中枪了？被捅了？被天上掉下来的钢琴砸死了？上了黑手党的灭口名单？追查真相的亲朋好友最终解开了谜题。帕拉克是弗朗茨·卡夫卡（Franz Kafka）[①]的崇拜者，这一点在这部作品中也能看出来。就像在《理查三世》（Richard Ⅲ）[②]中一样，死亡无处不在：

I had a Richard too, and thou didst kill him;

I had a Rutland too, thou holp'st to kill him.

（我也有一个理查，是你杀死了他；

我也有一个鲁特兰，你帮着杀死了他。）

　　你会被一种故事和拼写一同营造的怪异氛围所吸引。整个故事共有二十五个章节（从"第四章"直接跳到了"第六

---

① 弗朗茨·卡夫卡（1883—1924）是一位说德语的犹太小说家，20世纪文坛最重要的人物之一。代表作包括《变形记》《审判》等，以现实生活中人的异化与隔阂、心灵上的凶残无情为主题。——译者注

② 《理查三世》是英国剧作家莎士比亚的作品，写实地描述了理查三世短暂的执政时期。——译者注

章"）；从头到尾都避讳一个字母，令其因缺席而格外醒目。帕拉克下笔如有神，就这样完成了整个故事。

在一档黑白电视节目中，微胖、额头被一大团深色卷发覆盖的帕拉克表示他的作品是字母自行结合在一起形成的。他的书没有作者，是"写作自动化"的产物。对谈者兼主持人赶紧脱稿向观众们补充道："我要说明一下，这并不是什么骗局（canular）。"

写作的自动化？但这并不是巡回签售时的宣传语。可以这样理解这个概念。帕拉克将主要精力集中在符号而不是词汇或情节上，找到了驱动创作的新颖逻辑。他有时会自创语法：人物感到"强烈的偏头痛（un fort migrain）"；人用"声条（cordons vocaux）"而不是声带说话。lèvres（嘴唇）这个词不能用——避讳 e 造成的问题——作者就写 pli labial（唇褶）。他的故事中有很多例子："son minois rubicond, mafflu, lippu, joufflu, bouffi（他绯红的脸庞，红润，嘴唇饱满，圆胖，肿胀）"。他也会调整句法：第一段、第二段、第三段都以 oui, mais（对，但是）开始。

"Portons dix bons whiskys à l'avocat goujat qui fumait au zoo（让我们带十瓶好的威士忌给在动物园抽烟的粗鲁律师）"。安东·沃尔日记中的这句附言是一句全字母句（pangram，帕拉克式的全字母句，用了全部二十六个字母中的二十五个）。"A quick brainy fox jumps with a guava lizard（一只速度快、头脑

发达的狐狸和一只番石榴蜥蜴一同跳跃)"。则是一句英文的
全字母句。

　　帕拉克还会重新演绎过去的大师的语句。用漏字文重
写叙事诗、篇章、诗节。为了演示这种操作，我改写了威
廉·华兹华斯的《咏水仙》（"Daffodils"）[①]。

　　I, **solitary** (wandered lonely) as a cloud

　　我好似一朵孤云

　　That floats on high **past** (o'er) **coombs** (vales) and hills,

　　高高地飘过起伏的山丘，

　　Without a warning (When all at once I) saw a crowd

　　突然看见一大片

　　A host, of **brilliant** (golden) daffodils;

　　漫山遍野盛放的水仙花；

　　Along a pool (Beside the lake), **among hawthorns** (beneath
the trees)

　　它们开在湖畔，开在山楂树下

　　Flapping (Fluttering) and dancing in **mid-morn** (the breeze).

　　在上午摇摆舞蹈。

---

① 　此处作者用帕拉克的方法将威廉·华兹华斯作品《咏水仙》改写成了漏字
文，通过替换、删除等方式在不改变大意的前提下去除了作品中所有含有 e 的
单词。所有加粗的词汇为作者替换后的词汇，括号中的词汇则是原文。——译
者注

Continuous as **bright** (the) stars that **glow** (shine)

如璀璨群星

And **glint-glint** (twinkle) on **our** (the) Milky Way,

闪耀于银河之上，

Ranging in an undying row (They stretched in never-ending line)

沿着星空的港湾

Along **a** (the) margin of a bay:

绵延至无尽的远方：

Six (Ten) thousand saw I **in a flash** (at a glance)

看一眼就有六千朵花

Tossing **gold crowns** (their heads) in sprightly **thrash** (dance).

金色的花冠快乐地摇摆了起来。

Vivid pool (The waves beside them danced), but **my daffodils** (they)

湖面波光粼粼，但水仙们

Outdid **its sparkling** (the sparkling waves) in **spirit** (glee):

比这闪闪波光还要昂扬：

A **rhymist** (poet) could not but **turn** (be) gay

诗人遇见这般快乐的伙伴

In such a jocund company:

又怎能不满心欢喜：

I **rapt** (gaz<u>e</u>d)–**so rapt** (and gaz<u>e</u>d)–but **hardly** (littl<u>e</u>) thought

我凝视许久——却未能领悟

What **fund this** (w<u>ea</u>lth th<u>e</u>) show to **us** (m<u>e</u>) had brought:

这样的场景是多么珍贵：

For oft, **if** (wh<u>e</u>n) on my couch I **sigh** (li<u>e</u>)

若我独坐哀叹

In vacant or in **gray humour** (pensiv<u>e</u> mood),

因空虚或心情暗淡，

Gold will (Th<u>e</u>y) flash **on** (upon) that inward **mind** (<u>e</u>y<u>e</u>)

那片金黄便会浮现在我的脑海

Bliss of my on-my-own hours (Which is th<u>e</u> bliss of solitud<u>e</u>);

排解我的孤独与寂寞；

And **so** (th<u>e</u>n) my **soul** (h<u>e</u>art) with **passion** (pl<u>ea</u>sure) fills

为我的灵魂注入激情

And **frolics** (danc<u>e</u>s) with my daffodils.

让我的心与那水仙共舞。

为了做到从头到尾都不使用 d 和 f 之间的字母，帕拉克引入了很多来自其他语言的词汇。如拉丁文 oppidum civium romanorum（罗马市民）和 sic transit Gloria Mundi（因此世界的荣耀），意大利语 Ah Padron，siam tutti morti（啊，帕德

罗内——我们都死了）；美式英语"It is not a gossipy yarn;
nor is it a dry, monotonous account, full of such customary fill-
ins as 'romantic moonlight casting murky shadows down a long,
winding country road（这并非流言蜚语；也不是单调枯燥的
叙述，有很多习惯性的补充，比如'浪漫的月光在漫长而曲
折的乡间小路上投下朦胧的影子'）"；以及萨尔州方言"man
sagt dir, komm doch mal ins Landhaus. Man sagt dir, Stadtvolk
muss aufs Land, muss zurück zut Natur. Man sagt dir, komm
bald, möglichst am Sonntag（他们说，来乡间小屋吧。他们
说，城市人应该去乡下，亲近自然。他们说快来吧，最好周
日来）"。《虚无》是不折不扣的多语言作品。

　　如今，帕拉克作品的翻译遍布全球：德国汉堡（作品的
德文译名是 *Anton Voyls Forgang*）、意大利（意大利语译名 *La
Scomparsa*）、克罗地亚、荷兰、罗马尼亚等地均有译本。西
班牙语译本没有 a（a 是西班牙语最常用的字母），日语译本没
有 i，俄语译本则没有 o。这部作品被翻译成了多种语言；说
不定会有喜欢这部作品的译者将其翻译成南印度的马拉雅拉
姆语（Malayalam）[1]。

　　如今，利用计算机技术对《虚无》进行分析，会得到大
量有趣的语言学数据。词云（word clouds）[2] 能够凸显文中出

---

①　马拉雅拉姆语是印度西南部喀拉拉邦的语言。——译者注
②　词云是由词汇组成的形状类似云的图案，一般一个词出现的次数越多在图形中就会越大。——译者注

现次数最多的主要词汇：sans（没有）、savoir（知道）、grand（大）——大多数描述小东西的词汇里都有帕拉克避讳的字母。常出现的词汇还包括：mort（死去）、mot（词汇）、blanc（空白）、noir（黑色）、nuit（夜晚）、obscur（阴暗）。数据分析还显示，尽管有种种创新，帕拉克的作品完全遵循齐夫定律［Zipf's Law，由哈佛大学的语料库语言学家 G. K. 齐夫（G. K. Zipf）发现——据说如果送齐夫一朵玫瑰花，他也会数一数上面有多少根刺］。齐夫对大量书籍进行了调查和计算，他发现在任何书中，大约有一半词汇只会出现一次；构成一部作品主体的其实是少部分反复出现的词汇。根据我在餐巾纸背面进行的计算，《虚无》的总用词量大约是八千个。其中的一小部分，大约一百个反复出现的词汇，构成了全文约一半的内容；四百个经常出现的词汇构成了全文五分之四的内容。几千个单词只是偶尔出现，比如在帕拉克的作品中仅出现了两次；还有四千个仅出现了一次。

比如：

Alunir（登月）、axolotl（一种热带两栖动物的纳瓦特尔语名）、finlandais（芬兰的）、hot-dog（热狗）、infarcti［infarction（梗死）的复数］、opoponax［一种没药——也是1964 年'莫妮卡'·威蒂格（'Monica' Wittig）用儿童的语言写的一部小说的题目］、pawlonias（泡桐）、roucoulant（咕咕叫）、taratata（表示怀疑的感叹词）、uxorilocal（一个社会人

类学名词，表示住在妻子家族附近的男子）。

［警告：很多帕拉克只用过一次的词语，如 s'anudissant
（丢弃所有的衣服），在任何词典里都找不到。］

从词汇的层面继续深入，用放大镜对《虚无》进行进一
步剖析，会发现在字母层面，这部作品也遵循齐夫定律。大
多数词汇都有 a、i、n、u 和 s；含有 w、z、k、x 或 j 的词汇
很少。o 是从帕拉克的大胆计划中获益最多的字母：o 和零一
样都是圆的，是象征省略的合适符号。

如果帕拉克（1982 年不幸因肺部肿瘤去世，享年 45 岁）
还在，他一定喜欢发带有各种简写的短信。扫兴的杞人忧
天者称简写的短信为"糟糕的速记""简单化"或"电子病
毒"，但帕拉克不会理睬他们的担忧。对于他来说这样摆弄
字母非常有趣，比如用字母拼出图像，如 bisouxxxxx（法语
短信的常用结束语，类似英语中用 kixx kixx 表示亲亲）和
"wow!""was^?（怎么了？）"，以及 "i'm off 2 bd zzzz（我去
睡了）"。

字母是鲜活生动的、不断变化的、内涵丰富的。

第 12 章　会说话的手

　　去年圣诞节我去巴黎郊外参观一座城堡，走出烧木柴取暖的房间时，我发现走廊上十分热闹。一大群孩子穿着镶褶边的蓝绿制服从石头阶梯上冲下来。孩子们打扮得漂漂亮亮，开心地参加集体活动，看起来非常兴奋。他们紧跟队伍，发出"哒哒"的脚步声，小手"啪啪"地拍在厚厚的墙壁上，他们奔跑着，无恶意地推搡着，飞扬的衣服"沙沙"作响。与这些声音相互交织的还有孩子们集体吸气和呼气的声音，从持续不断的低沉呼吸声就能感受到他们的存在。"他们闹起来真的很吵。"我身边的一位中年女士嘟囔道。但这群孩子一句话也不说，也完全不大喊尖叫。我这才意识到他们是聋哑人。后来，在冬天昏暗的天空下，我穿过空地离开城堡，路上又碰到了那群孩子，他们和老师一起聚集在街灯下，用手语交谈。

法国手语（La langue des signes française），孩子们使用的手语——无疑是一门语言，有句法、构词法和俚语——只是手语的一种：每个国家都有自己的手语。但手语之于法国就像英语（已传播至全球的更出名的输出品）之于英国一样。法国人洛朗·克莱尔（Laurent Clerc）对 1817 年美国第一座聋哑人学校在康涅狄格州哈特福德（Hartford, Connecticut）的创立做出了举足轻重的贡献。克莱尔引入美国的手势以及面部表情系统是他小时候在法国学会的，参考的主要是修道院院长德莱佩（Abbot de l'Épée）在 18 世纪中期设计的方法。这一系统后来逐渐演化成了美国手语（American Sign Language，简称 ASL），再往后，美国手语又衍生出了多种如今在非洲及亚洲被广泛运用的手语。是擅长法式耸肩①的法国人——和意大利人一样因善用肢体语言出名——教会了世界如何用手势交流。

美国手语源自游戏、服装、决斗和 18 世纪的法国，因此它的不少特点令人费解。为什么表示"明天"（实际上是"即将到来的一天"）和"昨天"（实际上是"刚刚过去的一天"）的手势都要用到大拇指呢？这是因为和用食指数一的美国人不同，法国人用大拇指数一。表示"不行"的手势是将大拇指从下巴下方向外移动，法国孩子至今仍常用这个动作表示

①　法式耸肩一般包括耸肩、噘嘴、摊手等一系列动作，可表示"不知情""与我无关"等意思。——译者注

反抗。表示"不能"的手势是用右手食指敲击左手食指，这是在模仿欧洲贵族一度非常热衷的剑斗。如果你发现表示"政府"的手势——用食指触碰自己的太阳穴——和头脑有关，这还只是这个手势来源的一部分：用食指指头之前要先转动手腕，其所指是法国大革命的革命者戴在帽子上的三色徽章 ①。

参观城堡几个月之后，我到蒙特利尔和渥太华看望亲戚。因为我的婶婶会说法语，而且，她在当地医院的康复科室工作的那些年接触过聋哑病人，我与她分享了我对美国手语起源的兴趣。我甚至提前准备好了一则趣闻［是埃米莉·肖（Emily Shaw）和伊夫·德拉波特（Yves Delaporte）在他们的一篇手语研究论文中提到的］计划与她分享，美国评论员对表示"愚蠢"的手势——把表示和平的 V 手势举到额前——的解读是完全错误的，他们说这代表禁锢头脑的牢笼。事实上这个动作是在模仿动物的犄角，其中的玄机，如果懂法语就会明白——bête 一词既可以表示"愚蠢"，又可以表示"野兽"。

我没找到机会告诉我婶婶马戈·弗拉（Margo Flah）这个故事。根本不用跟她说。她告诉我她年轻时曾在美国聋哑人中心工作，当时学会了手语。搬到加拿大之后，她常常担任

---

① 法国大革命期间，很多革命者会在帽子上佩戴红、白、蓝三色的圆形徽章，白色是老政权的象征，红色和蓝色则是巴黎的象征，现在法国的蓝、白、红三色国旗就是从该徽章演化而来的。——译者注

电视新闻的手语翻译。用手播报车祸消息、国会演讲以及彩票开奖结果。她常常在街上被人认出来。我以前完全不知道这些。

　　马戈主动提出教我手语的字母表。她和我分别坐在客厅长条桌的两头。我模仿她，用左手除拇指外的四指盖住手掌。"这是 A。"她说。然而我又模仿她做出了表示 B、C、D、E 和 F 的手势。"等等！"她突然停了下来，"你是左撇子吗？"她告诉我美国手语的使用者一般用他们的惯用手做手势。我用右手写字，但是不知为何一直用左手扔东西。因此到底用哪只手似乎取决于手势的样子：是像把东西扔出去，还是像写字——以周边的空间为纸，以手和手臂为笔？我决定用写字的右手。马戈看起来松了一口气。她一个字母一个字母地继续教我，一直教到 Z——表示 Z 的手势是用手指在空中划出 Z 的形状，很像佐罗的动作。马戈的体贴和耐心让我学习热情高涨。我们又复习了几遍，花时间改正我做得不准确的几个字母。经验丰富的手语使用者目光多么敏锐！以弯曲的拇指为基准，另外四指如果过低就不是准确的 E。表示 S 的拳头需要握紧一点。做 X 的手势时，食指不能过弯。有一两次，马戈会附身凑过来，用她的手轻柔地调整我的手势，就像在调整走得慢的手表一样。

　　"我可以介绍两个朋友给你认识。"我们学完字母表之后，马戈说道。几天之后，她邀请他们来家中喝咖啡，吃蛋糕。

尽管名字看起来像法国人，米歇尔·戴维（Michel David）在渥太华一个说英语的家庭长大。他六十出头，眼睛很明亮。穿着俄罗斯绿的长裤、格子衬衫和米色的毛衣，留着整齐的白胡子，左耳中植入了人工耳蜗装置。

莫妮卡·伊莱恩·坎贝尔（Monica Elaine Campbell）比米歇尔年轻几岁，她皮肤晒得很黑，打扮入时，戴着一条蓝白相间的丝巾，穿着同色系的衬衫和牛仔裙。她手腕上套着很多手镯，双手的手指上戴着好几个金戒指。和使用人工耳蜗的米歇尔不同，她听不见。她通过读唇语理解我说的话。

我们坐在堆满盘子的桌边，被咖啡的香气所环绕——米歇尔和莫妮卡·伊莱恩并排坐在我对面，背对窗户和窗外明媚的四月阳光。这样光线充足的环境让莫妮卡·伊莱恩能够看清我的面部和嘴的动作。我开始与他们交流，小心地保持着适中的语速，先自我介绍，然后向他们提问。米歇尔和莫妮卡·伊莱恩用美国手语（英语国家加拿大主要通行的手语）和英语回答。

米歇尔说："我并非彻底的聋人。"意思是他认为自己在文化上更接近健全人，美国手语不是他的母语。不过，听力损失确实是他家族代代相传的缺陷。小时候，他坐在厨房里看祖母的表姐妹用手语交流。同时，他发现自己的平衡能力跟学步的儿童差不多。为了不走偏，他向前走时必须盯着远方一个固定的点（夜晚关灯之后，如果他不戴人工耳蜗就起身去洗手间，会像"醉汉"一样跌跌撞撞）。他会躺在床上一连几个小时感到耳朵痛。九岁时，他感到自己总是听不清父母的话。40分贝[①]的听力损失，听觉专家告知米歇尔和他的家人。然而，这仅仅是开始。后来，他的听力一年不如一年。就连最熟悉、最响亮的声音也只能凭想象去感受，声音逐渐成为回忆。少年时期，他开始上夜校学习美国手语。后来，一天下午，他在帮父母割草时，感觉耳朵里"嘭"地一响，此后就什么也听不见了。"我以为割草机突然坏了。"那时他二十岁。此后三十余年，他都在无声世界中度过。

米歇尔说话时特地侧身面对莫妮卡·伊莱恩。她看着他熟练麻利地打手语，并观察他脸上的表情；米歇尔说完之后，冲莫妮卡·伊莱恩点了点头，示意轮到她了。两人轮流说话。添加提神的咖啡，切割香喷喷的蛋糕都会分散人的注意力，米歇尔补充说手里拿着东西打手语是很不礼貌的。

莫妮卡·伊莱恩在学会说话之前就完全听不见：她出生后十五个月就被发现有听力问题。但她的父母不希望自己的女儿用手语——一旦这么做，他们要么全家学手语，要么就要把尚年幼的女儿送去远方的手语学校，这两种选择他们都难以接受。因此，莫妮卡·伊莱恩一直在码头和港口密布、风景如画的爱德华王子岛（Prince Edward Island）的夏洛特敦

---

① 分贝（dB）是主要用于度量声音强度的单位，40分贝的听力损失一般被视为轻微听力丧失。——译者注

（Charlottetown）和她听力正常的兄弟姐妹——三个兄弟和一个妹妹（后来成为一名美国聋人教师）——一起生活。

不久之后，岛上新开了一所教聋人读唇语和说话的学校。莫妮卡·伊莱恩的父母上了约翰·特雷西诊所（John Tracy Clinic）的函授课程，准备送女儿上这所学校。他们严格遵守洛杉矶发来的建议。诊所的建议非常简单：放慢语速，用完整的句子对听不见的孩子说话；让她参与一家人的日常生活；把她当作普通的好奇小女孩来对待。他们严格执行这些建议，让莫妮卡·伊莱恩在上学前做好"学说话"的准备。她四岁入学。老师在镜子前教她字母：用嘴唇发音的 p，用舌尖轻触上腭的 t，呼出气体让面前的杯子起雾的 h。她通过触摸——用手紧张地感受老师脸颊和喉咙的状态——学习准确的读音。莫妮卡·伊莱恩一点点学会了用温和克制的嗓音说话。

莫妮卡·伊莱恩的声音很好听，她说的话也很容易听懂。她偶尔会漏掉单词中的某个音［mingle（混合）会变成 migle］，或者发错音［把 cashier（收银员）念成 cazier］。但轻松的表象背后其实隐藏着不少苦痛。她成长过程中一直觉得自己"在两个世界之间摇摆"，对自己的身份感到迷惑。长大之后，她发现自己不能用手语与同样听不到的人交流，儿时的迷茫变成了愤怒。她的大脑被培养得与听力正常的人无异，这一点其实令她十分懊恼。后来，她下定决心学习美国手语。那时她三十七岁。

这份勇气和毅力令人钦佩！随着沟通的深入，我愈发感到米歇尔和莫妮卡·伊莱恩为了过上没有缺失的人生付出了非凡的努力。在他们小时候，社会还不怎么关注聋人的才华和能力。他们都是凭借自己的决心和信念拿到学位并成就一番事业。

米歇尔说："人们认为我是园丁。我有园艺学的文凭。但我觉得，等等，我能做的还有很多。我有头脑。我读过詹姆斯·米切纳（James Michener）[1]的小说《起源》（*The Source*）。故事从以色列的考古发掘开始。我凑了一笔钱，乘飞机去特拉维夫（Tel Aviv）[2]。当时我二十一岁。我在一个基布兹（kibbutz）[3]待了三个月。随后坐船去了塞浦路斯和希腊。我四处搭车：去过南斯拉夫、奥地利、德国、法国、比利时和荷兰。欧洲转完之后，我又搭乘苏联运输机去了日本。在那里停留了好几个月。"

"你用手语和接待你的人对话吗？"

"对。手语就是这点好，无论在哪里都能与人交流。我发现外国人对聋人普遍更有耐心。"

---

① 　詹姆斯·米切纳（1907—1997）是一位美国作家。他一生出版了四十多部作品，大多数是篇幅较长的虚构家族故事，结合真实历史讲述某个区域几代人的人生。——译者注
② 　特拉维夫是以色列最大的都市。——译者注
③ 　基布兹指以色列的工作场所，如农场或工厂，工人们生活在一起，同工同酬。——译者注

旅行的经历给了他回国继续求学的勇气。"对于我来说最难的是法语课。我总是会弄混 entendre（听见）和 comprendre（包含）。"获得心理学学士之后，他前往多伦多攻读社会工作专业的硕士，1986 年，他创立了一个成年聋人互助组织，后来还担任加拿大听力协会（Canadian Hearing Society）的心理健康顾问。

莫妮卡·伊莱恩："我上大学时，有些老师讲课时会走来走去，让读唇语变得非常困难。"有一次，老师一连两小时都在色彩鲜艳的条纹壁纸前来回踱步，造成了严重的"视觉噪声"。但她没有放弃。数学和生物这些"强调视觉"的学科让她得以发挥长处。莫妮卡·伊莱恩此后从事人力资源工作多年。

"我学会手语之后，开始参与聋哑人的临终关怀（palliative care）。"很多聋哑病人因过于虚弱无法写字，无法与家人和朋友沟通。她造访不同的医院，阅读苍白的嘴唇所传递的讯息，解读临终病人最后的话语。为此，莫妮卡·伊莱恩于 2016 年 2 月被授予安大略省最高的平民荣誉安大略勋章（Order of Ontario）。

我发现米歇尔和莫妮卡·伊莱恩还有另外一个共同点。他们的伴侣都能听见。和伴侣沟通时，他们既用手语又用口头语言。米歇尔有五个孩子：都以手语为母语。"他们在十个月大的时候学会的第一个手语词汇是'奶'。"他握紧拳头，

"像这样。就像是在拉拽乳房一样。他们用这个手势表示'食物'。他们会指着牛奶、饼干和果汁，然后做出同样的手势。这展示了使用手语的孩子很早就会举一反三，提炼概念。"

十二年前，也就是米歇尔四十九岁时，接受了人工耳蜗植入。他的人生从此不同："当时我的女儿杰茜卡（Jessica）三岁。能听到她的哭声真是太幸福了。"

他终于可以因雷声而受惊，被古典音乐打动，并享受聋哑人聚会的寂静。但米歇尔承认，很多奉行聋人文化的群体将人工耳蜗植入视为一种威胁。有些人担心它侵蚀聋人的生活方式，威胁聋人的尊严，动摇手语的地位。米歇尔不认为人工耳蜗和手语是相互排斥的。他认为自己是多语言者。他了解并尊重聋人文化（莫妮卡·伊莱恩也是如此）。"他们非常诚实。诚实到了有些唐突的地步。如果你和上一次见面时相比长胖了，他们就会直接用手语告诉你。但他们不会直接说出自己的问题。而是会通过讲一个故事来告诉你。"

米歇尔和莫妮卡·伊莱恩都能够理解聋哑人群体为何如此警惕，理解他们渴望珍视所有让手语变得独特的事物。

莫妮卡·伊莱恩说："比如，如果要表达'你去过纽约吗'，就要用'纽约''接触''完成'和'问题'这几个手势。"

她为我演示了一遍。为了表达"问题"，说话人弯曲食指并指向听话人的方向。上半身也会向前倾。美国手语的语法，莫妮卡·伊莱恩补充道，和空间有关。比如说，向前倾表示说话者在描述将要发生的事，向后靠表示过去已经发生的事情。如果说话人微微向右倾（假设说话人惯用右手），听话人就会明白对方所描述的事情几分钟之前刚刚发生。

不知不觉间，我和米歇尔与莫妮卡·伊莱恩已经聊了三个小时。我的婶婶，这次会面的召集人，提醒我们的时候，我们都很惊讶。完全没有意识到时间过得这么快。

我平摊右手手掌，用指尖触碰我的下巴，随后朝米歇尔与莫妮卡·伊莱恩的方向挥动手掌，这是马戈几天前在同一张桌子旁教我的一个手语表达。我对他们表示感谢：感谢他们一上午的陪伴，感谢他们加深了我对美国手语的理解，感谢他们让我收获良多。

第 13 章　电话语法

1877年4月4日下午，马萨诸塞州萨默维尔（Somerville）的卡罗琳·科尔·威廉斯（Caroline Cole Williams）在客厅中踱步，等待一个小小的黑色胡桃木盒子"说话"。这个小盒子是她的丈夫查尔斯（Charles）早晨放在低处的架子上的。查尔斯是一名电报机制造商，在离家三英里的波士顿工作。他在商店和家之间架了线。卡罗琳对线的事情一无所知，也不懂伏打电池、变阻器、电阻线圈、磁铁以及蓝矾。在她看来，这个小盒子和女士用的首饰盒没什么区别。总是很忙的查尔斯并没有向她进行任何解释；只是让她注意信号，一旦盒子发出声音就回话。已经好几个小时过去了，不难想象卡罗琳盯着大摆钟，耐心已经消耗殆尽。能通话的电报这个想法，或许就是一个玩笑。就在她正要放弃的时候，传来了一个微弱的声音，让她全神贯注。"卡罗琳？"小盒子突然清楚地说道，"卡罗琳，你能听见吗？"

几百年来，便宜、轻盈又柔韧的纸张一直是语言的载体。想要和远方的家人朋友保持联系，面对面拜访之外，最好的办法就是写信。因此，不难想象，无须通过纸张或是面对面沟通传达卡罗琳听到三英里外的丈夫的声音，并听懂他的话语时，有多么震惊。从小盒子中传出的声音不大，但绝对是查尔斯的声音。是她此前听过无数次的声音：有从隔壁房间传来的大声呼喊，有从背后传来的话语，有耳边轻柔的低语。然而这一次的声音与以往都不同，听起来不远不近，既坚定又疑惑，好像顺着线摸索而来。

"查尔斯。"她大声回复道，"我能听见。你能听见我说话吗？"查尔斯听到了她的回答。同时见证这一刻的还有来店里拜访查尔斯的熟人——这台设备的发明者——亚历山大·格雷厄姆·贝尔（Alexander Graham Bell）。

很快，贝尔的发明成为报纸竞相报道的对象。1877 年 9 月 19 日，"口头电报"登上了伦敦《泰晤士报》（*The Times*）的头条。"唯一的困难是，"文章评论道，"在开始'说话'前，电话是否能够提前发出响亮的信号……毕竟我们还没有先进到接受热心人的建议的程度，如每天在头上戴一个电话头盔或者帽子，时刻准备接电话。"两个月之后，一篇篇幅很长的评论写道："人类静悄悄地迎来了巨大的改变。突然间，全人类都可以直接交流。"该文章继续写道，"目前纽约已经有五百座房屋中的居民可以用电话相互交流，美国正在使用的电话有三千部。"电话尚未在英国被广泛运用是因为"在外国人看来，我们说话含糊不清，会将重要的辅音含糊地一带而过，句子说到最后声音越来越小。使用电话是对我们的口语和听力的一次严格测试"。

当时，电话是充满异域风情的全新神奇发明，在文章中被提到时，首字母 T 都是大写的。第一批电话用户在使用这种新装置通话时会遵循媒体的建议。1882 年 11 月出版的一篇《纽约时报》文章建议读者接电话时不要"声嘶力竭地大喊大叫"，也无须闭上眼睛。文章还建议，嘴和话筒之间，最好保持三英寸以上八英寸以下的距离。

语言也必须跟上新技术的脚步。电话铃响起之后，怎么回答才合适呢？用"早上好，先生"或"晚上好，女士"开始对话会造成问题：波士顿的早晨是伦敦的下午，也无法确定电话那头是男是女。人们需要更短、更温和的词来打招呼。喜欢航海的贝尔认为接电话的人应该说 ahoy（船上人员用来吸引他人注意力的喊声）。他这想法不怎么样。他的竞争对手爱迪生（Edison）提出了用 hello。这是一个新词，比 ahoy 新（hello 二十年前才首次被证实为问候词），这种新鲜感与新技术非常相配。hello 也有惊讶的含义——"Why, hello!（哎呀，怎么了！）"——因从听筒中听到来电人声音而感到意外。

也许正是这层含义让爱迪生挑选的这个单词和电话格外合拍。不过，hello 流行起来也可能是因为它尽管是新词，却有悠久的历史。它来自 14 世纪的 hallow——用喊声催赶猎狗——holler（喊叫）也是从这个词衍生出来的。再往前追溯则是 hail，用声音赞美上帝无形的存在。

很快，使用 hello 的习惯像电话线一样在美国乃至全世界扩散开来。19 世纪末，仅美国就有超过一百万部电话。每天都有无数人在用不同语言中的 hello 接电话：Allô、Hallo、Allo、Halo。电话线路的扩张和简短的新词的出现催生了电话语言的语法。

但是，这套语法体系——电话英语——长期不被关注，也无人教授。教科书中很少有场景模拟或规则讲解，教科书给人的感觉是现实中没有人打电话。1917 年，弗雷德里克·霍顿（Frederick Houghton）的《外国人夜校英语读本第二册》（*Second Book in English for Foreigners in Evening Schools*）是一个例外：

　　史密斯夫人：总机，请转接北 3589。是北 3589 吗？请找米勒先生。

　　米勒先生：我是米勒。您有什么事？

　　史密斯夫人：我是弗莱格街的史密斯。我女儿得了白喉，健康部的检查员刚刚把我们隔离了。请今天给我送三条面包、一磅黄油、一夸脱[①]牛奶和一罐玉米。

语言学家五十年后才开始关注电话通话的机理。

圣地亚哥州立大学（San Diego State University）传媒学院的韦恩·A. 比奇（Wayne A. Beach）教授是电话语言领域的世界级权威专家。他多年研究电话对话的方方面面——真实的语言，如紧急呼叫、爱人之间的电话对话、烦人的电话、闲聊的电话等。我想要了解他的研究。他回复了我的邮件，并给了我他的手机号码，然后又在另外一封邮件回复中，给了他的固话号码，我在约定的时间拨打了他的电话，然后等待他接听。我在巴黎默数电话铃响的次数，五、六、七、八、九。最终，电话答录机中传来了一个孩子的声音，告诉我他们不在家，请在嘟声之后留言。我没有留言，而是把听筒放回主机，等了几分钟，然后再打过去。这一次我的电话又被转到了答录机。也许比奇教授不在家，或者正在洗澡，也许他忘记要和我通电话的事情了。这让我有些不满。电话！我很少给人打电话，也没有手机。因此，第三次拨打电话时我的内心是有些忐忑的，当拨号音被一个男声"hello"打断时，我长舒了一口气。比奇教授向我道歉：他刚刚起床，他那里现在是早餐时间。"我跟你说，我都不记得上一

---

① 容量单位，分为英制夸脱和美制夸脱。——译者注

次用这部电话是什么时候了，"他说，"我喜欢用手机。这里的政客都有我们的固话号码，每年一到选举季就会接到很多电话。因此，如果这部电话响了，我一般是不接的。都是听电话答录机上的留言，然后删掉，用手机给想要联系的人回电话。手机与个人的联系愈发紧密，固话只是为紧急情况准备的。"

我请他介绍分析电话语言的研究。是什么吸引他从事这方面研究的？他说："我在艾奥瓦州（Iowa）乡下一个总共四百人的小镇长大。二战后，我父亲在一家本地电话公司工作。他时常爬电线杆和梯子，最终成为区域办公室的经理。我从小到大一直对电话技术感兴趣。我记得老式黑色拨盘电话的样子，还有可怕的粉色款、棕色款和绿色款。我父母把电话挂在厨房的墙壁上。当时电线的长度决定了我们通话的场景：我妈妈一边做饭或者洗碗，一边打电话。"

比奇教授表示打电话是"最纯粹的对话"——因此，他以及他在语言和传媒领域的同事对其很感兴趣。"全靠声音：韵律、口音和语调。一切信息均靠声音传达。一起喝咖啡或红酒时发生的对话与之不同。声音之外，还有眼神、肢体语言和面部表情。然而电话通话将身体语言这些辅助统统摒弃，是言语的升华。"

比奇教授的专长——20世纪60年代兴起的会话分析

（Conversation Analysis，CA）是对乔姆斯基（Chomsky）[1] 抽象的语言理论的回应。"乔姆斯基认为，研究自然会话没有意义。因为自然会话是随机的、混乱的、退化的——全是错误、不清楚的字音和无意的双关语。语言学家应该坐在扶手椅里建立有关语言的理论。纯脑力劳动，不用结合实际。不用聆听或录制真人的对话，别让真实的对话把理论搞乱了。"

随后，哈维·萨克斯（Harvey Sacks）[2]和伊曼纽尔·谢格洛夫（Emanuel Schegloff）[3] 出现了。"他们认为'秩序无处不在，自然会话中没有巧合'。"词汇不完全是抽象的，它们是"言语对象"，说话人有目的地使用它们创造并影响各种社会活动。萨克斯是在接听求助热线时产生这种想法的。比奇教授解释道：

> 他是志愿者，接听遇到困难的人打来的电话——有些人寡言少语，有些则推心置腹地向他倾诉。所有电话都是录音的，一天，他问上司是否可以把录音的内容逐

---

[1]　诺姆·乔姆斯基（Noam Chomsky，1928—　）美国哲学家、语言学家、认知学家、逻辑学家、政治评论家，他的生成语法被认为是对 20 世纪理论语言学研究的重要贡献。——译者注

[2]　哈维·萨克斯（1935—1975）是一位深受民族方法学（ethnomethodology）影响的美国社会学家。他首开先河，对人们在日常生活中使用的语言进行极度细致的研究。——译者注

[3]　伊曼纽尔·谢格洛夫（1937—　）是加州大学洛杉矶分校（University of California at Los Angeles）的社会学教授，会话分析的创始人之一。——译者注

字逐句听写成文字。总共有几百段对话。他花了好几个月听写、做笔记并进行分析。

他发现了规律和惯例。其中非常基础的一条是——总是接电话的人先说话。还有，建立会话节奏和方向的是一些固定的词汇或言语部件，如相互问候"你好"或"最近好吗"："最近好吗？""很好，谢谢。你呢？"在各自的研究中，萨克斯和谢格洛夫揭示了电话会话的开头是清晰且可预测的。这种清晰和可预测的特点完全不符合乔姆斯基的看法——词汇在自然会话中混乱地组合在一起。电话通话从铃声和互道"你好"开始，随后则是表明双方身份的语言："你好，是约翰吗？""是的。""我是丹尼丝（Denise）。"随后才是互相问候："你好。""你好，最近过得怎么样？"再往后则是打电话的原因："想不想去看电影？"

萨克斯发现，不同的开场白会引出不同的对话。如果一方说"你好"的话，另一方一般也会回答"你好"。但是，如果接电话的人说："我是史密斯，请问有什么可以帮您？"他得到的回答很可能是："我是布朗。"这样，不用费口舌提问，就可以了解到对方的身份。

很多对话都是由问题或者类似问题的语言驱动的。问题时常是一个信号，引出另外一个主题："你今晚做什么？"是伪装成问题的邀请；"妈妈，你知道吗？"这样的问题是孩子有话要对父母说的预兆。

萨克斯和谢格洛夫认为对话是一种合作——失败的玩笑、含糊的指代、暧昧的话语都可能引发误解，对话的双方会回头化解误解，然后再继续交谈。这是一种本能的合作——通过语言纠正自己所说的话的能力——可能发生在距离遥远的陌生人之间，这一点坐在扶手椅上的乔姆斯基没有发现。

比奇教授说："萨克斯很早就因车祸去世了，但他提出的理论流传了下来。如今在法庭案件和心理学中都会用到。很多语言学家专攻会话分析。"但是，比奇教授和他的同事兼朋友罗伯特·霍珀（Robert Hopper）投身这项事业时，这个领域还处于刚刚萌芽的状态。"我们都是传播学专业的博士，都还在寻找自己的方向。我参考了社会学的一些理念，罗伯特则前往英国与那里的会话专家见面。我们希望打破乔姆斯基的框架，关注人，研究参与者是如何共同——一个人是无法进行对话的——一点点创造对话的。问题在于如何研究。这个领域里没有人能教我们应该怎么做，没有人指导我们；需要投入大量的时间和金钱。我们必须自己解决这些问题。"

"我们都在美国的大学任教，罗伯特请他的学生——当时还可以这么做——录下他们自己的电话对话。他会把这项任务当作作业布置给学生。当然所有录音都是匿名提交的。一年之后——他们在电话中提到的各种新闻这时都早已过时——罗伯特会将录音中的对话听写下来。"他就这样通过激励学生提交自己的电话录音，收集了不少素材——将大量的对话转化为书面文字，每个"嗯""嗯啊"都不放过——建起了自己的会话素材库。比奇教授也从家人、朋友和同事处收集类似的素材。最终，罗伯特在1992年出版的《电话会话》（*Telephone Conversation*）中发表了他们的发现。

"电话的召唤（铃声）让我们易受言语侵扰。"罗伯特写道，"对话往往以对某人的召唤开始，这确保了对话的内容贴近主题，同时也让打电话的人占据主导地位。"这种不对等符合萨克斯和谢格洛夫将对话视为合作的观点。罗伯特提醒我们，打电话时呼叫方和应答方付出的劳动——"说话量"——是不平等的。"呼叫方先行动，应答方必须做出反应。"对话发生的时间和开始的主题都是呼叫方选择的。应答方很难拒绝某个主题。从个人经验出发，我认同这个观点：我们会郁闷又听话地听电话中心的员工用过于愉悦的声音滔滔不绝；尽管内心并不愿意，也不会打断朋友的抱怨或拒绝与他们闲聊；遇到怎么拒绝都不罢休的广播记者（他是怎么拿到我的电话的？）也毫无办法。罗伯特认为这是我们为贫穷付出的代价之一。有钱人会专门雇人接电话，比如秘书、个人助理或接待员。从过去一直到现在，这些专业的接待员大多是女性。

《电话会话》以因"说话清楚"而被雇用的女接线员（hello girls）为例详细介绍了女性的声音是如何被贝尔的发明所控制的——女性的声音沦为了一种家庭作坊式服务业

的一部分。书中引用了研究电话的女权学者兼民族志学者拉纳·拉科（Lana Rakow）的研究。

和美国各地的很多女性一样，拉科来自中西部小镇的研究对象从小就习惯频繁地、用温和的态度接打电话。她们打电话找维修工，为丈夫记录留言，问候州外亲戚的健康状态。她们像接线员一样利落又端庄。无论是身穿围裙、睡衣还是夏天的连衣裙，她们每时每刻都有可能在接听电话。随时待命。

"罗伯特对电话在推进社会平等方面的作用持悲观态度，他是正确的。"比奇教授表示。声音和面孔一样，存在贫富、男女、肤色和地域的区别。旧偏见可以向新技术转移。"现在的手机也没有带来改变，"比奇教授补充道，"它们在任何时间、地点都可能响起，逼我们回应，让我们上瘾。将手机放在床边就有可能导致深度睡眠被干扰。它们成为我们生活的主导。"比奇教授的敌意是他作为父亲产生的敌意，主要针对短信和线上论坛的过度使用。

我儿子二十一岁，我女儿十五岁：他们俩每个月要发送八千多条短信。他们无时无刻不在用手机与人联系。联系人变多了，朋友却变少了。人情味越来越淡——这种交流方式没有面对面沟通和电话交流的亲密和直观。社交媒体不过是一个骗局。

　　我没想到和比奇教授的对话会如此严肃和深刻。我以为
我们的对话会更加轻松，涉及更多技术问题（在我们的交谈
中，比奇教授确实提到了听写电话会话的乐趣，这是他多年
来练就的绝活。他说，和我说话时，他只要闭上眼睛就能在
脑中将我们的对话转化成分析员的记录，句号、括号、星号
一应俱全：这些都是专业听写人员使用的符号）。我没想到
我们的对话会带有如此浓重的个人色彩。但是，和前辈萨克
斯和谢格洛夫一样，比奇和罗伯特以人以及他们的交流方式
为研究重点，将说话人和他们的话语分开对比奇教授来说是
难以想象的。"一天我得知罗伯特时日无多。他被确诊患有癌
症。我们是二十年的同事和朋友。我很难过。在最后的几个
月里，我们经常通电话。他很愤怒：感觉医生对他有所隐瞒。
他和医生之间的沟通很不顺畅。他对我说：'我在强颜欢笑。'"
罗伯特·霍珀 1998 年去世，享年五十三岁。"简直令人难以
置信。每三个西方家庭中就有一个经历过癌症，此外，我还
意识到我们对人们如何谈论癌症以及患病期间应该谈论什么
知之甚少。是时候去了解了。能够通过行动填补这方面的空
白，我非常幸运。"

　　比奇教授收集的电话录音中有一鞋盒的磁带。这些磁带
和他以前的同事收到的很类似：是一位研究生捐给比奇教授
做研究用的，捐赠人唯一的要求是不公开对话人的真实姓名。
罗伯特的葬礼过去后不久，比奇教授进行研究时播放了这些

磁带，发现这位研究生记录了他、他的父母以及其他亲戚谈论他母亲的癌症的电话对话，从她被确诊一直持续到她去世前几小时——十三个月之内的六十一段对话。一个家庭与癌症相关的对话首次被自然地记录下来。"我花了很长时间才完成那些磁带的听写。其中的内容令我感同身受。让我不由得想起罗伯特。还有我的母亲。就在罗伯特去世前不久，她也因为癌症去世了。听着那位学生的话语，我感觉我似乎也说过同样的话——我曾有过和他一样的遭遇。"

SDCL: MALIGNANCY #2:1

Mom:　Hello. [①]

Son:　Hi?

Mom:　Hi.

Son:　How ya doin'.

　　　(0.2-second pause)

Mom:　O:h I:'m doin' okay. = I gotta-

　　　(1.0-second pause)[②]

Mom:　I think I'm radioactive. Ha ha.

---

① 这是比奇教授听写的对话记录的节选。下划线（_）表示以音调或音量表示强调。——译者注

② 冒号（:）表示延长其前面的读音，冒号越多延长的时间越长。等于号（=）表示前后两句之间没有间隔。——译者注

Son:　$He- uh$ Why's that.[①]

Mom:　Well you know when y'get that bo:ne scan so they-

Son:　Oh did [they do it already?[②]

Mom:　[Gave me that.]

　　　Yeah they give you a shot. Then ya have ta (.)[③].

hhh drink water or coffee (.) tea, >whatever the

hell you want< (0.4) in vo:lumes of it.[④]

Son:　Mmm hmm.

Mom:　hh[⑤] A::nd I'll go down at about ten thir:ty.

Son:　Mmkay.

　　　(0.4)

Mom:　So (.) anyway.

Son:　Hm:m. =

SDCL：恶性 #2:1

妈妈：你好。

儿子：你好?

---

① 美元符号（$）表示说话者在微笑。——译者注
② 方括号（[]）表示说话人的话语与另一人的话语重合的开始和结束。——译者注
③ 句点 (.) 表示极为短暂的停顿，可能不超过十分之一秒。——译者注
④ >< 表示中间的话语说得很匆忙。——译者注
⑤ hh 表示吸气，h 的数量越多，吸气的时间越长。——译者注

妈妈：你好。

儿子：你还好吧。

（停顿 0.2 秒）

妈妈：哦，我还可以。我要……

（停顿 1 秒）

妈妈：我觉得我现在有放射性了。哈哈。

儿子：为什么。

妈妈：因为做了骨扫描，他们……

儿子：已经做了？

妈妈：给我那个。他们会给你打针。然后要喝水、咖啡或者茶，随便什么饮料，（停顿 0.4 秒）但是要喝很多很多。

儿子：嗯。

妈妈：我十点半走。

儿子：嗯好。

（停顿 0.4 秒）

妈妈：那就这样。

儿子：嗯。

他们对话中的语法与其他电话对话十分类似：互相问候"你好"，双方有秩序地轮流说话，有些词汇和声音反复出现。但比奇教授注意到了一些偏离一般规律的地方。双方之间亲密的关系让他们无须自报家门——听到一个年轻男声说"你好"，妈妈立刻就认出了自己孩子的声音。还有一个例外是儿子问的是"你还好吧？（How ya doin'?）"而不是"你好吗？（How are you?）"。"你还好吧？"这样的话语不是问题，是一种慰问。电话另一头的人无须回答"很好"。这位母亲就没有。她重复了儿子用的 doin'，说自己"还可以"，随后停顿了许久。听到这样的回答，儿子能够预感到后面还有更糟糕的消息。

一方面，情况看似简单：妈妈有新消息，儿子想知道。然而，一切当然没有这么简单：对话双方关系十分亲密，妈妈的坏消息就是儿子的坏消息。因此，妈妈十分讲究策略。她没有像在书中或信中那样直接说"我做了骨扫描""他们给我打了针""我必须喝很多水"。她说的是"因为做了骨扫描""他们会给你打针""然后要喝水……要喝很多很多"。"你"这个指代词没有将自己排除在外；同时又能制造距离感，给人情况没那么严重的感觉。

SDCL:MALIGNANCY #2:2

Mom: So. (0.4) It's r(h)e::al °b(h)a:d°. ((voice breaks))[①]

(0.8)

---

① 符号（°）表示其所标注的语句是轻声或柔声说的。——译者注

Mom: ((sneezes))

Son: pt .hhhh I guess.

(0.4)

Mom: And uh: >I don't know what else to <u>tell</u> you.<

(1.0)

Son: hh hhh Yeah. (0.2) um- ((hhhh)). Yeah, I don't
know what to say <u>ei</u>ther.

Mom: No there's nothing to say. >You just-< .hh I'll-I'll
wait to talk to Dr Leedon today = he's the cancer
man and =

Son: = Um hmm.

Mom: See what he has to say, and (0.4) just keep goin'
forward. I mean (.) I might be real <u>lucky</u> in five
years. It might just be six months.

(0.4)

Son: Yeah.

Mom: °Who knows.°

Son: pt .hhh Phew::.

Mom: Yeah.

Son: .hh hhh (.) Whadda you <u>do:</u> with this kind of thing.
I mean- (.)

Mom: >Radiation <u>chemo</u>therapy.<

(1.4)

Son: Oh bo:y?

Mom: Yeah.

(0.5)

Mom: My only hope- I mean- (.) my only choice.

Son: Yeah.

Mom: It's either that or just lay here and let it kill me.

(1.0)

Mom: And that's not the human condition.

Son: No. (1.0) I guess [not.]

Mom: [No.] (.) So that's all I can tell you (°sweetie°).

SDCL：恶性 #2:2

妈妈：现在（停顿 0.4 秒）情况非常糟糕。（哽咽）

（停顿 0.8 秒）

妈妈：（打喷嚏）

儿子：我猜到了。

（停顿 0.4 秒）

妈妈：我不知道还应该对你说什么。

（停顿 1 秒）

儿子：（停顿 0.2 秒）思。我也不知道说什么好。

妈妈：没什么好说的。只能……我今天会见利德姆医生。他主攻癌症。

儿子：嗯。

妈妈：看看他怎么说，（停顿 0.4 秒）只能继续向
　　　前看。如果幸运的话，可能还有五年。也可
　　　能只有六个月。

　　　（停顿 0.4 秒）

儿子：是的。

妈妈：说不定的。

儿子：呼。

妈妈：嗯。

儿子：这要怎么办？我是说……

妈妈：放疗。

　　　（停顿 1.4 秒）

儿子：天啊？

妈妈：对。

　　　（停顿 0.5 秒）

妈妈：我唯一的希望，我是说，我唯一的选择。

儿子：是的。

妈妈：要么放疗，要么就只能等着被癌症杀死。

　　　（停顿 1 秒）

妈妈：这不是人的境况。

儿子：不是。大概不是吧。

　　妈妈：不。我已经都告诉你了，亲爱的。

　　听写磁带和分析对话时，他发现妈妈和儿子的语言不断在绝望和希望之间切换。"没什么好说的。"妈妈说。但对话并未就此中断，母亲和孩子一轮又一轮地将对话进行了下去："只能……只能继续向前看……我唯一的希望……我唯一的选择。"

　　"听完磁带，分析完文本之后，我感到内心充满希望。"比奇教授告诉我，"这就是我的收获。"对话没有终点，遭遇重大打击时也有希望。几个词便可安慰、鼓舞、激励。"嗯好""呼""天啊"这些词汇和算不上词汇的语言在交流中有重要的作用。"我希望更多的医生、护士和护理人员能了解这一点。光从医学角度进行解释是不够的。对话非常重要。聆听病人的话语然后回应。问题在于如何回应。很多医生缺乏这方面的技巧。"

　　比奇教授正在尝试解决这个问题。在我们结束通话的几天后——用比奇教授的话说，"关掉"电话之后——他发了一个视频给我。他将大量的电话录音浓缩成了一部八十分钟的话剧，让妈妈和儿子的话语变成两位专业舞台演员的台词；又筹措资金让成千上万的医务工作者、病人和家庭观看这部名为《癌症到来时》（*When Cancer Calls*）的话剧。看视频时，我意识到比奇教授选择的媒介非常适合——电话和戏剧的关联源远流长。1877 年初，贝尔在音乐厅里第一次公开展示他的发明。在此之前，卡罗琳·科尔·威廉斯在萨默维尔的家中的客厅里踱步，等待丈夫的声音响起，在演示会上，她通过电话为台下热烈的纽约观众唱歌。

　　从视频上看，观看比奇教授的话剧的观众反应也很热烈。台上，高个子的年轻男演员穿着衬衫和休闲裤，年纪大、身材偏胖的女演员穿着连衣裙，插着点滴管，他们依次说着自己的台词，台下的观众流泪、鼓掌、咯咯笑着。

　　他们表演的对话因贴近生活而精彩，自然能够引起观众的共鸣。我们每天都会在咖啡店、办公室和家中听到这样的话语。每个家庭的电话线路都在传输这些语言。

第 14 章　天生爱交谈的人类

物体静默的存在会让人类产生说话的渴望。我们似乎从不介意这样的对话是单方面的。幼儿常对娃娃和泰迪熊说话。园丁也会偶尔催促他们的郁金香尽快开花。"天啊，你真是太美了。"喜欢汽车的人看到他未来的爱车时会低声感叹。在我们这个高科技的时代，越来越多的人会对着屏幕喃喃自语。

然而，和玩具、植物、汽车不同，最先进的计算机已经开始回应我们的话语了。试试问你的电脑下一次看牙医是什么时间，珠穆朗玛峰有多高，纽约距离萨克拉门托（Sacramento）有多少英里，一个电子语音 —— 如果能够被称为语音的话 —— 会用难以捉摸的口音回答你的问题。有些语音被处理得听起来像"男声"或"女声"；语调可能娇媚或不屑；能吹牛，也可能会发颤。用户也可以给它起一个名字。

五十年前，"伊丽莎（Eliza）"是最早模拟人类对话的程序之一。麻省理工（MIT）的测试员在程序中敲出"很高兴认识你"后按下回车，伊丽莎立刻回答："哦……?"粗体字母构成的回复突然在屏幕上闪现，非常自然，让人感觉像是网络另一头的女性发来的。伊丽莎会在对话中使用老套的词汇和词组，很快就显露出一种好打听的心理分析学家的气质。一定程度上，测试员不确定自己感受到的是对方的同情还是自己的想象。

测试员：很高兴认识你。

伊丽莎：哦……?

测试员：我叫约翰。

伊丽莎：我不在乎名字，请继续。

测试员：我害怕电脑。

伊丽莎：哦。

测试员：我应该怎么办?

伊丽莎：你觉得呢?

测试员：我应该信任你吗?

伊丽莎：我们在讨论你，而不是我。

"个人和机器之间存在强烈的情感纽带是很正常的，"

这个程序的皮格马利翁（Pygmalion）[①]，约瑟夫·魏岑鲍姆（Joseph Weizenbaum）在 1976 年出版的《计算机能力与人类理性》（*Computer Power and Human Reason*）一书中写道："人类使用的工具最终会成为其身体的延伸。"笔是手的延伸，自行车是腿的延伸，电脑则是大脑的延伸——在记忆能力和计算能力方面，一台电脑能抵一千个真人。但是，电脑可以学会对话吗？能够机智地、有感情地、创造性地运用人类语言吗？魏岑鲍姆持怀疑态度。"伊丽莎是一个很小、很简单的突破。它的贡献，如果算得上贡献的话，只是生动地证实了不少人多年以前的发现，也就是语境对语言理解的重要性。"若不是测试员不断迁就程序，充实双方的对话，他们早就聊不下去了——伊丽莎不比游戏机高级多少。魏岑鲍姆对机器人的对话能力持怀疑态度，后来的各种"聊天机器人（chatbots）"也没有给他带来改变想法的理由。

最新且最受关注的聊天机器人是"埃薇（Evie）"，它很年轻，有一双亮闪闪的绿眼睛、含笑的粉色嘴唇和飘逸的棕色头发（机器人的外形和声音模仿女性的居多）。根据制造者的说法，埃薇说的话都来自过去十年人们发给"她"的话语。因此，与人对话给出回应时，它可参考的数据库比伊丽莎大得多。即便如此，当我尝试与电脑上由像素拼成的人像聊天

---

① 皮格马利翁是希腊神话中的塞浦路斯国王，爱上了一座少女雕像。后来爱神阿佛洛狄忒赋予了雕像生命。——译者注

时，还是发生了很多奇怪的情况。我给埃薇发了一句对巴斯特·基顿（Buster Keaton）^①的评论，埃薇对我说——事实上，它像史波克（Spock）^②一样略带轻蔑地说——"你说得有道理"。"真的吗？"我问道。"对，你是我一生的至爱。"这可能是她在笨拙地尝试表达对我的理解。我换了一个话题。尝试讨论书。我想了解她的阅读习惯。她最近在读小说吗？埃薇答非所问："你之前问过我。"

"有些来自日本的机器人看起来和听起来都已经极度逼真了。"美国大学（American University）的内奥米·苏珊·巴伦（Naomi Susan Baron）教授在她位于华盛顿的办公室与我通电话时对我说。作为语言学家，她可能想要打消我对聊天机器人的价值的怀疑。我是通过巴伦教授最近发表的一篇学术论文《我们聊天吧？与人类和机器人交谈》（"Shall We Talk? Conversing with Humans and Roberts"）了解到她的研究的。我直接问她电脑能否像人类一样掌握对话技能，她说："这是个价值六万四千美元的问题。我不能给你肯定的答复，但我是这么认为的。以句法为例。人类用词汇和词组构建句子的方式是非常复杂的。尽管方式复杂，但已经难不倒现在的电脑了。它们跨过了这道坎。对话是它们接下来要面对的挑战。

---

① 巴斯特·基顿（1895—1966）是一名美国演员、导演、编剧，以无声电影闻名于世。——译者注

② 史波克是《星际迷航》电视剧的主角之一，在同一系列的动画、电影、小说中均有出现。——译者注

也许无法战胜，但也有成功的可能。"

　　巴伦教授就地道的"电脑对话"做了很多思考，将其与语言学家一般分析的各种对话做比较。她认为与电脑对话很像与外国人、宠物或孩子对话。"像与孩子对话时的语言。在意识到也有爸爸在家带孩子之前，我们称这种语言为'妈妈语（motherese）'。在不同的文化和阶级中，这种语言的特点相当一致：父母对孩子说话时语调更高，发音更清晰，语速更慢。"

　　外国人、宠物、孩子，地位都相对较低。按照巴伦教授的理论，机器永远不可能成为与人类平等的对话伙伴。"它们的作用是完成我们的命令，提供信息、娱乐。但我们恐怕无法接受计算机跟我们顶嘴。不会希望听到计算机说我们不想听的话。控制和权力是对话的重要组成。我们可以提高声音或转换话题。我们不愿失去这些权力。"

　　会谄媚、迎合、奉承、吹捧的电脑，化身让人自我感觉良好的健身教练，连蒙带骗让自己的主人多燃烧一点卡路里："很棒，保持！""你太棒了！"巴伦教授认为它们像海绵一样，吸收各种信息：不仅会问你想要什么生日礼物，在特殊时期给你的朋友打电话，还能追溯——通过搜集数据的手环和问卷——你走过的每一步，摄入食物的种类、多少，以及吃饭的时间。时刻待命，永远服从。"可能还会问你喜不喜欢三天前那个星期三吃的某个品牌的肉酱意面。"

"这会不会有一点太婆婆妈妈？太像电脑了？"

巴伦教授笑了。她说她知道很多人这么说。但她有自己的看法，接下来，她以现在日本为孩子生产的玩具机器人——海豹形状的机器人为例来说明。在东京，这些玩具海豹非常畅销。它们会叫，很可爱，毛茸茸的。换句话说，它们和真的海豹并没有太多相似之处：没有滑腻感，没有（撕扯、咀嚼鱼肉的）尖牙，没有鳍足类动物的气味。精神正常的人都不会想要一个特别像真海豹的玩具。任何像人类一样唠叨、争辩、笨嘴拙舌的机器人也同样不受欢迎。"你会把这样的机器人退掉并要求迅速退款的。话太多了。老是跑题。喜欢打断他人，混淆概念，忘记自己想说什么。至少，你会想把它换成不这么像人而更像电脑一点的机器人。"

巴伦教授又回到了最开始的话题：日本人形机器人。"过了某个临界点之后，有的机器人太像人了。"她说。巴伦教授最近去亚洲旅行时遇到了这个问题。"当时我在机场。想找柜台后面的女士。然而，那并不是一位真的女士。而是一个机器人。有眼睫毛，穿着制服，举止得体，非常有礼貌。我靠近时，她像日本人一样鞠了一躬。"巴伦教授当时非常茫然，"我也向她致意。然后机器人又用语言跟我打招呼。问我需要什么帮助。机器人机械嘴唇的运动看起来很诡异。她的动作和话语让我不由自主地开始起鸡皮疙瘩。"一个蜡和电线构成的机器人伪装成端庄的客服工作人员，巴伦教授认为和她打交道令人不安和茫然。即便如此，她相信我们现在的不适不会影响机器人的未来。她记得在 20 世纪 70 年代人们也不适应最早的家庭电话答录机。尤其是年纪大的人听到信号声之后往往不知说什么好。"但电话那一头没有真人啊。"他们向当时还是年轻学者的巴伦教授抱怨道。能用简短适当的语言镇静清楚地留言的能力培养起来是需要时间的，比如，"你好，我是奶奶。""问问看你今天怎么样？""听到留言之后能给我打个电话吗？"。但这些老人最终都掌握了这项技能。

　　我认为巴伦教授是技术乐观派。但她很快就说到了她所担心的问题。如果天真或脆弱的人被线上的聊天恶霸欺骗怎么办？无所顾忌的程序员可能会制作出善于说教、恫吓、诱惑的聊天机器人。巴伦教授的这番话让我想起了邮件诈骗——有人因此心碎，有人则遭受一千美元的财产损失。骗子提前写好的文字就能造成这么大的伤害，不难想象会甜言蜜语的程序骗术一定更加高超。它们不知疲倦，难以被惩处，在网络世界的后街背巷里自由穿梭，随时准备引诱、哄骗、欺诈下一个受害者。

　　"如果遇上怎么拒绝都不罢休的机器人呢？"巴伦教授假设道。她的声音显得十分不安。她让我想象一个住在养老院里的老太太。养老院的护理人员不够。为了节约时间，工作人员给这个老太太分配了一台会说话的机器人。这个机器人很严格：每天三次——早晨、中午、晚上——它必须监督自己的病人服药。但这位老太太十分顽固。她不是一直又老又病的。她以前算是个大人物，在工作上御敌无数，有自己的想法，不愿被一台高级版收银机呼来唤去。"亨德森女士，您得吃药了。"老太太假装没听见。"亨德森女士，您该吃药了。"机器人缓慢严肃地说，"目前你的脉搏比正常水平低五跳。"它又提到了血糖，但老太太依然无动于衷。如果是她的孩子——我们假设她有孩子——她可能会心软，然后把蓝色小药片放进嘴里；如果是护士——一番牢骚之后——她可能也会用一大杯水把药冲下去。让一台机器人来劝她？绝不妥协！

　　"如果老太太精神矍铄，身体机能完好，我想她可以选择将机器人关掉。这是机器人和人的主要区别：机器人可以关掉。"巴伦教授表示。但她也担心如果人类和机器人互动的规则禁止这么做怎么办，如果病人无法关掉护理机器人怎么办？一方面，机器人努力说服病人；另一方面，病人不愿意听机器人的：这是教科书式的吵架。"不小心听到邻居在公寓楼里吵架，或者店员和顾客在商店里吵架已经够令人不快的了。如果遇上机器人和人吵架，我们会做何反应呢？"

　　会奉承和争论的程序有可能推翻笛卡尔（Descartes）[①] 的理论。电子计算机被发明出来的三百年前，他在《第一哲学沉思录》（*Discourse on Method and Meditations on First Philosophy*）

---

① 勒内·笛卡尔（René Descartes，1596—1650），法国著名哲学家、数学家、物理学家。——译者注

中写道：

> 　　如果有外观类似我们的身体、动作也和我们极为相似的机器，我们依然……有办法判断它们不是真人……它们无法像我们一样使用词汇、组合符号向他人表达自己的想法。我们可以想象会说话的机器，这样的机器在人做出改变其元器件状态的动作时甚至可以给出相应的回复（比如说，触碰某个地方，机器就会问对方想要说什么；触碰另一个地方，机器会大喊它被弄痛了等），但我们难以想象机器接收他人的话语之后，通过对词汇进行不同的组合给出有意义的答复，这一点哪怕是最愚蠢的人类都可以做到。

　　笛卡尔的语言测试是思想上的测试，是身处 17 世纪的他对人类理智特殊性的辩护；不是以实际操作为目的的。但是 1950 年开始推广的图灵测试［The Turing Test，图灵测试是以英国计算机技术先驱艾伦·图灵（Alan Turing）的姓命名的］为测试程序的对话能力提供了一种简单的方法。

　　图灵测试是这样进行的。一位"询问者"在房间里单独坐在一台电脑前。他用键盘打出的信息会被快速、连续地发给不同房间里的两个响应者。响应者之一是真人，他或她正常地回应询问者提出的问题及其发出的其他信息。另一个响应者是以模拟人类对话为目标专门编写的程序。询问者有五分钟时间区分真人和程序。双关语、玩笑、怪异的话题转换：测试对会话的形式没有限制。如果对话结束后，询问者无法做出足够的正确判断，程序就通过了测试，笛卡尔的理论也就被推翻了——机器的对话能力就得到了证明。

　　然而伊丽莎、埃薇以及其他聊天机器人都远达不到通过的水平。目前，笛卡尔所说的"难以想象"似乎不仅表示"不可思议"——以前会飞的机器也令人感到不可思议——还意味着"无法实现"，就像猪在天上飞是无法实现的一样。机器人从根本上完全无法涉足对话领域。笨拙的感叹、不合逻辑的推论、像卡片搭建的城堡一样一次次崩塌失败的俏皮话：计算机总是无法用适当的语言参与对话，这似乎很能说明问题。计算机在其他领域非常强大，且进步飞速，这更突出了其在对话方面的无能。程序早已打败了最厉害的人类的象棋大师，下跳棋也是无可挑剔。在我写下这些文字的时候，计算机程序有史以来第一次在古老的策略游戏围棋中打败了人类的冠军棋手（与程序比赛的是一位二十三岁的韩国棋手，在赛前的新闻发布会上，他表示自己会五比零打得电脑落花流水；最终他一比四失利）。还出现了人脸识别程序、膝盖可以弯曲的机器人、智力竞答节目的问答机。只有在语言方面，计算机还有很大的提升空间。只有在语言方面，笛卡尔对机器的藐视仍旧成立。计算机依然不善言辞，随着时间的推移，这一现象愈发受到媒体的关注。

并非无人尝试。据报道，有一位美国商人承诺只要有人设计出能够骗过大部分"询问者"的聊天机器人，他就奖励其十万美元。每年，程序员们都会提交他们最新完成的程序参加竞赛，这些程序有自己的姓名和个人经历。公正地说，不时有容易上当的或缺乏想象力的评委将机器人的"怪异"错当成外国青少年的讥讽言语。然而这只是特例。程序的语言不够流利，缺乏思想深度和吸引力。它们无法在"接收他人的话语之后，通过对词汇进行不同的组合给出有意义的答复，这一点哪怕是最愚蠢的人类都可以做到"。这位商人准备的奖金一直给不出去。倒是每年关注这项竞赛的媒体一直在为他的生意做宣传。

和语言学家巴伦教授交流后，我认为自己需要听听时常接触这些程序的人的意见。要找一位熟知字节以及随机存取存储器的专家。我完全不懂这些。电脑内部的工作原理对我来说是一个谜。我和一位做信息技术员的朋友探讨了这个话题。他沉默了一阵，然后告诉我不要太深究技术方面的事情，没有必要，同时他给了我一个名字：哈里·科林斯（Harry Collins）。后来我发现他其实不是电脑专家，而是一位基于图灵测试做了很多有趣研究的社会学家。

我给科林斯发了邮件，确认了给他位于卡迪夫大学（University of Cardiff）的办公室打电话的时间。和他通电话时，我感觉他刚开完会，马上又要去开会。有那么一瞬间，我担心过后我不得不告诉我的朋友，和社会学教授的交流没有结果；但这种担忧很快就消失了。科林斯紧张的日程（在我们通话时，他提到他正在写三本教科书）让他说话简洁，十分专注。他用简洁准确的语言将一切解释得清清楚楚，这种风格令我十分感激，我的很多问题还没有问就得到了解答。

有关现在的聊天机器人及他们的发明者：

商人的比赛毫无意义。关注的是机器人能否完美地与人对话，而非机器人能否参与对话。然而目前最先进的机器人也不会说话。无法对话。无法适当地使用人类语言。该行业最乐观的一批的部分从业者说，还要再等二十年。坦白说，我不相信他们。他们说话很夸张，什么都说得出来。

有关图灵测试：

我的很多实验都是在图灵测试的基础上设计的。同样的实验条件：电脑屏幕、键盘、单独房间等。但应答方是两个真人，而非一真人一程序。和现实中一样，是真人和真人沟通。这么做的目的是更好地理解人类沟通的方式，研究我们如何传达信息，如何用语言让他人感受到自己是在和真人对话，以及用语言伪装自己。

在一个实验中，我们的实验对象是色盲。我们告诉他们：回答询问者问题时，请假装自己不是色盲。因此，假如询问者问你最喜欢什么颜色，尽管你一生都没见过蓝色、黄色或红色，也打字回答："蓝色"或"黄色"或"消防车那种红色"。我想研究色盲能否运用色觉正常者的语言。

科林斯表示这些实验对象的表现无懈可击。他们可以轻松地谈论插花，编出打桌球的经历，描述坐在车里焦虑地等待红灯变绿的心情。问询者无法判断他们是否真的能够看到颜色。这是因为，科林斯解释道，实验对象从出生起就与能看见颜色的人生活在同一个社会中，他们因此掌握了与色彩相关的语言，也能够理解"气红了眼（seeing red）""感到忧郁（feeling blue）"[①]这些表达。

科林斯的另外一个实验进一步拓展了图灵的模仿游戏[②]的应用。他让一组盲人研究对象与视力正常的问询者远程对话。实验对象使用读屏软件，他们打字时能听到自己按下了哪个

---

① 英语单词 blue 既可以表示"蓝色"，又可以表示"心情低落的"。——译者注

② 模仿游戏指图灵设计的检测机器是否可以像人类一样思考的测试，这个名词最初出现在 1950 年图灵发表的一篇名为《计算机机械与智能》（"Computing Machinery and Intelligence"）的论文中。——译者注

键，写下了哪个单词。"他们都是在两三岁的时候，就失去了视力，因此对还能看见时的事情毫无印象。"即便如此，问询者也无法判断和他们对话的人是不是盲人。世界上能看见的人居多，在这样的环境中长大的盲人自然地掌握了与视觉相关的语言。面对问询者的问题，他们每次都能给出"适当的答案"。

我请科林斯跟我说说这些研究对象都被问了什么问题。"比如，网球越线多少毫米算出界？"

实验对象从未拿过网球拍，也没有不断左右摆头地观看过网球比赛。但他们有打网球或者看网球比赛的家人和朋友。有些人则听广播上的体育比赛解说。

"然后我们再反过来实验。请一组能看见的实验对象假装看不见且没有能看见的记忆进行远程对话。换句话说，用'盲人的语言'对话。他们做不到。实验对象刚回答一个问题，盲人问询者就能判断出他们是假装看不见。"

问询者的第一个问题看似简单："你是什么时候看不见的？"

科林斯说："实验对象会回答'两岁的时候'或'我三岁时失去了视力'，而真正的盲人则会说'两岁时开始的，我三岁半正式注册为盲人'。"

视力正常的实验对象不是盲人父母抚养长大的，也不经常和盲人朋友交往，因此不知道盲人之间是如何交流的。他们不知道失去视力是一个渐进的过程。

　　"参与这些实验的色盲与盲人和视力正常者对话时并不依靠猜测。他们并非刻意'模仿他人的说话方式'。他们的其他行为更加有趣。研究对象们展现了一种语言技巧。他们知道'绿色'或'网球'是什么意思，更重要的是，他们完全清楚在能看见绿色的人和能打网球的人构成的世界中，这些词在日常对话中是如何被使用的。他们可以随时在对话中表现自如。可以完全'进入状态'。"

　　语言是身体的替身，可以取代经历：人类可以"通过语言获取体验"，因此需要对话。多数时候我们谈论的话题不大。但是，科林斯补充道，对话的话题有时会变得复杂，比如和律师或医生交谈时，对话的难度就会加大。即便如此，大部分被告和病人都能够成功应对。普通人所掌握的语言知识的深度和广度不容小觑。

　　为摸清这种深度，2006 年，科林斯进行了他最令人印象深刻的实验。以自己为实验对象。"我是具备一定科学知识的社会学家。我长期关注物理学领域致力于引力波研究的科学家。我常常和他们在一起，一聊就是好几个小时，将自己沉浸在他们的团体之中。当然，我不会这个领域的任何计算，没有人会信任我操作烙铁，但我能够模仿他们的语言。因此，我决定测试一下我的语言能力。"

　　科林斯请了一组研究引力波的物理学家给他和另外一位

引力波物理学家出几个问题。以下是其中一个问题：

> 一位理论学家告诉你她想到了一个理论，根据该理论，圆形的颗粒环被引力波移位，使得圆形形状保持不变，但尺寸在平均尺寸左右波动。是否可以使用激光干涉仪（laser interferometer）测量这种现象？

物理学家回答道：

> 是的，但是应该分析两臂中的压力总和，而不是差异。事实上，只要可以准确测量单臂上光的往返传播时间以监测其长度的微小变化，就不需要两个干涉仪臂来检测引力波。

科林斯模仿物理学家的口气回答道：

> 这取决于来源的方向。如果来源位于中心站的平面上的任何位置并且将两个臂的角度一分为二，则无法检测到信号。否则会有一个信号，当信号源位于两个臂中的某一个时，信号最大。

在评审组的九位专家中，有七位认为两人答案的质量相当。只有两位评委对哪个答案来自假物理学家做出了明确的判断。他们都没有选科林斯。

"在回答某个问题时，真物理学家引用了一篇已发表的论文中的观点。我没有读过那篇论文。只能自己想一个答案。那两位评委认为'只有真物理学家才能写出这样的答案'"。

科林斯通过了相应版本的图灵测试，这是因为他积累了足够的"互动技能"。

"仅仅读论文、书以及报纸还不够。必须花时间，大量的时间，和在相关方面有丰富经验的人对话。"

我同意科林斯的观点。我对他说，他的理论符合我写作的经历。为了筹备我的小说《米申卡》(*Mishenka*)——一位苏联国际象棋大师凭借直觉搜寻人生意义的故事——我联系了好几位国际象棋大师并与他们长谈。我去前世界冠军、曾战胜加里·卡斯帕罗夫(Garry Kasparov)①的弗拉基米尔·克拉姆尼克(Vladimir Kramnik)的家里拜访，并从他那里了解到了很多国际象棋界的轶事。我在巴黎和分析员及记者一起在后台观看了一场世界顶级选手对弈的国际象棋比赛。我所做的一切都是为了理解人物的内心。

"没错。人可以这么做，但没人能想象电脑要如何社交。它们没有身体。也许它们不需要体积很大的身体。也许有机

---

① 加里·卡斯帕罗夫(1963—)为俄罗斯象棋棋手，国际象棋特级大师，前国际象棋世界冠军。——译者注

械舌头加喉咙、耳朵眼睛各一双就足够了。但我们要如何让机器参与人类对话呢？在人类用语言传情达意时，如何将机器安插进去呢？在我看来这个想法实现无望。"

实现无望。图灵为何会在 20 世纪预测能够流利会话的机器人会在未来出现呢（他在文章中提到机器人有可能在 2000年做到轻松对话）？或许，他对数据的兴趣让他相信对话归结底还是一门科学。二战后很多知识分子认为大脑就是黏糊糊的电脑，人类语言只是一种数字代码。就连这种说法的批评者都承认，这个比喻看似很有道理。而且经久不衰。尽管预言破灭令人失望，这种说法至今仍在流传。

"我认为这个问题是乔姆斯基造成的。"马克·比克哈特（Mark Bickhard）说。比克哈特是一名语言哲学家，通过Skype（通讯软件）在他位于宾夕法尼亚州（Pennsylvania）的家中与我通话。

20 世纪 50 年代，他的研究风行一时。当然他的学说现在也很有影响力。本质上，乔姆斯基认为我们通过结构——单词的顺序、语法规则等——理解句子。对此，我有两点看法。第一，语言确实具有自己的结构，但很多技能都是如此。比如生火也有相应的规则：必须按照一定的顺序完成不同的小任务才能成功，如收集引火物、发火、划火柴、对着木材吹气。但这并不代表生火是一门语言。第二，50 年代以来学习理论已经取得了长足的发展，我们现在知道情景语境（situational context）以及词汇之间错综复杂的语义关系在沟通中扮演着重要的角色。

比克哈特时年七十岁，秃顶，眼睛炯炯有神。他留着长长的白胡子，定居在宾夕法尼亚州的伯利恒（Bethlehem）。[①]他书桌后的一张边桌上有一堆书，一本比一本厚。他告诉我，他是意外走上研究语言的道路的。四十年前，他完成以心理治疗为主题的博士论文后，收到的修改意见是数学的内容太多，建议添加关于语言的章节。比克哈特花了"好多年"研究并否定了现有的所有语言学模型。但他此后一直对语言的根本特征很感兴趣。

比克哈特认为语言是不断变化的。语言就像罗夏克墨迹测试（Rorschach blot）[②]一样，一直需要人的解读和补充。"你走在老旧的木头楼梯上，有一节楼梯突然发出了声响。你立刻就知道那声响意味着楼梯即将坍塌：'天啊，此地不宜久留。它要塌了。'实际上，对话的情形与此十分相似。如果孩子说'我按钮了计算器'——尽管严格来说这句话不通——他的父

---

① 巴勒斯坦也有一座城市叫伯利恒，《圣经》中曾有预言指出耶稣将会出生在伯利恒。——译者注

② 罗夏克墨迹测试是瑞士精神医生赫曼·罗夏克（Hermann Rorschach）设计的心理测试，受试者观看带有不同形状颜色墨迹的卡片后回答，他们认为卡片上的形状看起来像什么等问题，心理学家根据其回答分析受试者的性格特征。——译者注

亲能立刻理解并知道如何回答。"

"或者，假设有人大喊：'三号桌的烤牛肉要加水。'这话听起来也很奇怪。但如果你是在餐厅听到的，情况就不一样了。这是服务生说的话。"

单词和词组的意思会因使用场景不同而发生改变。无法预测。"假设你在餐厅吃饭，拿着菜单点菜，你说'我要烤牛肉'。过了一会儿，服务生送来了你点的菜。"在比克哈特看来，对话总是会带来很多变化。"我们应该自问：说了'烤牛肉'之后，说话人所处的社会现实发生了什么样的变化。"

作为词汇，"烤牛肉"的社会价值会比"猪排"更高吗？点了烤牛肉之后，以为你是素食主义者的服务生是否会对你另眼相看？和说话人一起吃饭的朋友会不会因为想起"这只小猪吃了烤牛肉，这只小猪没吃到（This little piggy had roast beef, this little piggy had none）"①的童谣而偷偷露出微笑？

"词汇会改变我们周围的世界。学习语言就是学习'烤牛肉'与'烤鸡''我累了''那边的那个'或'再见'有什么不同。"

比克哈特说话时，我听得很认真，用笔飞快地记着笔记，突然，我们的连接中断了——比克哈特一句话刚说到一半就

---

① 这句话来自一首名为《这只小猪》（"This Little Piggy"）的传统童谣。——译者注

突然消失了。过了几分钟，他再次打给我，很快，他的白胡子、深蓝色毛衣和堆满书的边桌又出现在我的屏幕上。

参与对话的人，他总结道，会不断地改变社会现实。语言的内涵会被提及、被讨论、被推翻。这对世界有很大影响。此外，电脑没有生命和感知力，"完全不在意"语言的内涵。正是这种缺失导致它们永远无法像人类一样对话。

我很在意比克哈特对我说的话。它们可能会改变我，我并不介意。关掉笔记本电脑后，我发现它有点热。我感受到了温暖。暖意并非来自与朋友拥抱或握手，而是电器工作产生的热量。然而，如果没有电脑的话，我们的大脑所能传递及改变的语言内涵又会有多大？

致　谢

感谢我的第一位读者热罗姆·塔贝（Jérôme Tabet），以及我们的家人——尤其是我的母亲珍妮弗（Jennifer）和我的兄弟姐妹凯瑟琳·塔贝（Catherine Tabet）、妮科尔·蒂博（Nicole Thibault）、雷蒙德·塔贝（Raymonde Tabet）和帕特里克·塔贝（Patrick Tabet）——谢谢他们一直以来的鼓励。感谢我的朋友伊恩（Ian）和安娜·威廉斯（Ana Williams）、奥利弗（Oliver）和阿什·杰弗里（Ash Jeffery）、西里聚尔·克里斯汀多蒂尔（Sigriður Kristinsdóttir）和哈德格里米尔·海尔吉·黑尔加松（Hallgrímur Helgi Helgason）、瓦尔杰尔迪·贝尼迪克多蒂尔（Valgerður Benediktsdóttir）和格里默·比约森（Grímur Björnsson）、劳菲·比贾那多蒂尔（Laufey Bjarnadóttir）和托尔维·马格努松（Torfi Magnússon）、琳达·弗拉（Linda Flah）、克莱尔·伯特兰（Claire Bertrand）

和她的家人。还有瓦莱丽·勒克莱尔（Valérie Leclerc）和阿诺·萨朗比耶（Arnaud Salembier）、热雷米·贾尔斯（Jérémie Giles）、海伦（Helen）和里克·宰普斯（Rick Zipes）、奥雷利娅·沙普兰（Aurélia Chapelain）和迪迪埃·德尔加多（Didier Delgado）、阿涅丝（Agnès）和尼古拉斯·恰拉沃拉（Nicolas Ciaravola）、埃米莉（Emilie）和热罗姆·瑞德（Jérôme Jude）、索尼娅·韦利（Sonia Velli）、卡罗琳·拉威尔（Caroline Ravel）、雅安·米兰（Yoann Milin）和玛丽安娜·克鲁恰尼（Marianne Cruciani）、盖伊（Guy）和纳迪娜·朗代（Nadine Landais）、马丁·约翰逊（Martin Johnson）和克里斯蒂娜（Kristina），还有莱安德罗·霍夫雷（Leandro Jofré），和你们用不同的语言对话令我获益匪浅。

《会说话的手》（"Talking Hands"）一文的完成离不开马戈·弗拉和让–菲利普·塔贝（Jean-Philippe Tabet）的热情支持。非常感谢莫妮卡·伊莱恩·坎贝尔和米歇尔·戴维。

我还要感谢埃琳·麦基恩、默里·默里和玛格丽特·康诺利（Margaret Connolly）；埃斯特·拜谢涅伊（Eszter Besenyei）、彼得·魏德（Peter Weide）、乌尔里克·林斯（Ulrich Lins）、雷纳托·科尔塞蒂（Renato Corsetti）和肯·迈纳、W. H. 詹森（W. H. Jansen）；恩古吉·瓦·提昂戈、万古依·瓦·戈罗（Wangui wa Goro）、辛吉瑞·纳迪吉吉（Gichingiri Ndigirigi）和埃文·姆旺吉（Evan Mwangi）；理查德·林格

勒（Richard Ringler）；布赖恩·斯托厄尔、阿德里安·凯恩和马恩岛国家遗产组织（Manx National Heritage）的保罗·韦瑟罗尔（Paul Weatherall）；迈克尔·爱德华兹爵士；大卫·贝洛（David Bellos）和希勒斯·埃斯波西托–法雷塞（Gilles Esposito-Farese）；埃里·德卢卡和安迪·明奇；韦恩·A. 比奇和拉纳·拉科；还有内奥米·苏珊·巴伦、哈里·科林斯和马克·比克哈特。感谢他们对本书所做出的宝贵贡献。

感谢这本书英国版和美国版的编辑罗伊娜·韦布（Rowena Webb）和特蕾西·贝阿尔（Tracy Behar）以及他们勤奋的团队，尤其感谢伊恩·施特劳斯（Ian Straus）、帕梅拉·马歇尔（Pamela Marshall）和凯瑟琳·罗杰斯（Kathryn Rogers），以及我的代理人安德鲁·劳尼（Andrew Lownie）。

图书在版编目（CIP）数据

每个词语都是一只歌唱的小鸟 / (英) 丹尼尔·塔米特 (Daniel Tammet) 著；邵逸译. -- 杭州：浙江教育出版社, 2021.5

ISBN 978-7-5722-1409-7

Ⅰ.①每… Ⅱ.①丹… ②邵… Ⅲ.①语言学—通俗读物 Ⅳ.①H0-49

中国版本图书馆CIP数据核字(2021)第033767号

引进版图书合同登记号 浙江省版权局图字：11-2020-487

EVERY WORD IS A BIRD WE TEACH TO SING: ENCOUNTERS WITH LANGUAGE
by DANIEL TAMMET
Copyright: DANIEL TAMMET

This edition arranged with ANEGCY, INC., LABUAN, MALAYSIA.
Simplified Chinese edition copyright:
2021 Ginkgo (Beijing) Book Co., Ltd.
All rights reserved.

本书中文简体版权归属于银杏树下（北京）图书有限责任公司

每个词语都是一只歌唱的小鸟

［英］丹尼尔·塔米特 著　邵逸 译

筹划出版：银杏树下（北京）图书有限责任公司	出版统筹：吴兴元
责任编辑：江　雷　王晨儿	特约编辑：杨　洋　张　怡
美术编辑：韩　波	责任校对：余理阳
责任印务：曹雨辰	装帧制作：墨白空间·李易
营销推广：ONEBOOK	

出版发行：浙江教育出版社（杭州市天目山路40号 邮编：310013）
印刷装订：北京汇林印务有限公司

开本：889mm × 1194mm　1/32　　　　　　印张：8.75　字数：170 000
版次：2021年5月第1版　　　　　　　　　印次：2021年5月第1次印刷
标准书号：ISBN 978-7-5722-1409-7
定价：49.80元

读者服务：reader@hinabook.com 188-1142-1266
投稿服务：onebook@hinabook.com 133-6631-2326
直销服务：buy@hinabook.com 133-6657-3072

后浪出版咨询（北京）有限责任公司常年法律顾问：北京大成律师事务所　周天晖 copyright@hinabook.com
未经许可，不得以任何方式复制或抄袭本书部分或全部内容
版权所有，侵权必究
本书若有印装质量问题，请与本公司图书销售中心联系调换。电话：010-64010019